영산홍

현대수필가100인선 · 17

영산홍

이향아 수필선

좋은수필사

■ 책머리에

수필은 누구나 부담 없이 읽고, 마음만 먹으면 직접 쓸 수도 있는 가장 친근한 문학이다. 다른 영역의 문학이 영상매체에 밀려 신음하고 있는 중에도 수필 인구만은 날로 증가하여 바야흐로 수필 전성시대를 구가하고 있는 이유도 거기에 있을 것이다.

시대적 추세에 힘입어 수많은 수필전문지, 수필동인지가 창간되고, 이에 비례하여 신진 수필가도 날로 늘어나다 보니 이제는 그 많은 작가, 그 많은 작품 중에서 문학성 높은 작품을 가려 읽는 일이 쉽지 않게 되었다. 이런 현상은 작가에게나 독자에게나 결코 바람직한 일이 아니다. 더 나아가서는 수필을 연구하는 후세들에게도 큰 부담이 될 것이다.

이런 문제를 해결하는 데는 출판인도 마땅히 한몫을 감당해야 한다는 평소의 소신에 따라, 본사가 기꺼이 그 역할을 맡기로 했다. 그 첫 번째 사업으로 시대를 대표할 만한 수필가 100인을 선정하고, 작가가 자선한 40편 내외의 작품을 수록한 문고본을 발간하여 이를 널리 보급함으로써 그 소임을 다하고자 한다.

본사는 사명감을 가지고 이 사업을 추진해 나가기로 했다. 작가 선정을 전담할 편집위원회를 구성하고 전권을 위임하여 일체의 사적인 정실이나 청탁을 배제함으로써 전문성과 공정성을 확보해 나갈 것이다.

따라서 이 기획물 속에는 작가의 문학정신뿐만 아니라, 본사의 문학사적 기여 의지와 편집위원 제위의 수필문학에 대한 애정과 문인으로서의 양심이 함께 담겨 있음을 자부한다. 다만, 작가를 선정하는 기준에는 많은 견해의 차이가 있을 수 있고, 선정 과정에서도 미처 챙기지 못한 부분이 있을 것이라는 사실만은 인정하지 않을 수 없다. 이 점에 대해서는 관계자 여러분의 양해 있으시기 바란다.

이 시리즈의 발간 순서는 작가, 또는 본사의 사정에 의한 것일 뿐 그밖의 어떤 기준도 적용하지 않았음을 밝힌다.

본 기획물이 시대를 초월한 많은 수필 애호가들의 관심과 애정 속에 우리나라 수필문학 발전에 한 이정표가 되기를 바랄 뿐이다.

2008년 5월

좋은수필 발행인 서 정 환

현대수필가 100인선 간행 편집위원 박 재 식 최 병 호

정 진 권 강 호 형

변 해 명

| 차례 |

1_부

2_부

3_부

4_부

1부

산에 가서 말하리라

산에 가고 싶다.

가다가 마음 내키면 골짜기에 앉아 쉬기도 하면서 산길을 오르고 싶다.

앞에서 누가 빠른 걸음으로 재촉하거나 뒤에서 밀고 쫓는 사람이 없이 유유히 산길을 가고 싶다. 나는 밀리고 쫓기고 싶지 않아서 산에 온 사람이니까, 산에서까지 헐떡이며 초조한 마음이 되지 않기를 바란다.

점심 시간 전까지는 산정에 올라야 한다든가, 어디서 몇 시에 만나자든가, 의무와 스케줄에 나를 묶고 싶지 않다. 어떤 책임감도 구속감도 나를 지배하지 않는 그러한 산행, 나는 집 근처에 나들이 나온 사람같이 새 소리를 들으면서 산길을 걷고 싶다.

내가 오르고자 하는 산이 험산은 아니니까 혼자서도 산길이 어렵지 않다.

혼자 산길을 걸음으로 나는 철저하게 내 고독을 다지고, 소홀히 방치했던 정신의 구석구석을 들여다볼 수 있을 것이다. 어떤 생각은 미소를 띠게 하고, 어떤 생각은 내게 책망의 돌을 던질 것이다. 그리고 어떤 생각은 나를 겸허하게 할 것이다.

혼자서 바라보는 개울, 혼자서 바라보는 나무의 빛깔. 나는 원시인처럼, 산에 사는 작은 식물처럼 마음을 맑게 비우고 묵상해야지. 산길을 혼자 걷는 사람답게 걸음을 탄탄히 내딛고, 혼자 걷는 사람답게 엄숙하며 혼자 걷는 사람답게 쓸쓸해야지.

내 옆을 지나가며 혼자의 산길을 염려하고 이상히 여기는 사람만 없다면 산길이 훨씬 가볍고 즐겁고 수월할 텐데 힐끗힐끗 나를 이상히 여기는 사람도 있을 것이다.

혹시 나와 동행하기를 요청하는 사람도 있을는지 모른다.

산길에서 만난 사람과 동행하는 것이 반드시 어색한 일만은 아니지만 나는 그와 동행하기를 사양할 것이다. 대단한 이유가 있는 것은 아니다. 그러나 아무튼 나는 사양할 것이다.

나는 오다가다 산길에서 만난 사람과 동행할 만큼 마음이 허하거나 따분하지 않다. 그리고 그만큼 너그럽고 여유가 있는 사람도 못된다.

그렇게 하려면 아예 처음부터 마음에 맞는 동행자와 산행을 함께 계획하고 출발하는 편이 훨씬 즐겁겠지.

어떤 동행자는 나의 산길을 더 외롭게 하고 불편하게 할 수도 있다. 그러므로 산행의 동행자는 오랜 친구, 마음에 맞는 친구라야 한다. 사실 따지고 보면 사람끼리 마음을 맞추기가 그리 어려운 것은 아니다.

그는 나보다 사뭇 걸음이 빠르거나 나보다 몸이 약해서 뒤쳐지는 사람이 아니었으면 한다. 같은 또래의 나이, 비슷한 건강, 그리고 같은 화제를 가졌으면 좋겠다. 아니, 그가 훨씬 건강하고 걸음 폭도 크지만 나와 보조를 맞추기 위해 천천히 걸으면서, 그 천천히 걷는 시간을 지루하지 않게 즐길 수 있는 사람이라면 좋겠다. 그는 무궁무궁한 화제를 가지고 있으나 나를 위해 긴요한 것만 유도해 내는 그런 사람이었으면 한다.

우리는 넓은 바위에 걸터앉아 잠시 뻐꾸기 울음을 들을 것이다. 이것은 산복숭아, 이것은 으름덩쿨, 이것은 떡갈나무, 그리고 이것은 무슨 나문가?

"이 꽃 이름을 아십니까?"

우리는 서로 묻고 그 이름을 여태 모르고 살았던 것을 부끄러워해야지. 나무들에게 풀꽃에게 그들을 지으신 조물주에게 얼마나 미안한 일인지.

우리가 알고 있는 생명의 이름들이 지나치게 적음을 깨달으면서, 그들에 대한 우리의 애정이 부족함을 절감하겠다.

'산에 올 때마다 몰랐던 한 두 가지 나무 이름을 공부합시다.' 둘 중 누가 제의하게 될는지 모른다.

나는 그에게 박하 향내 나는 도로프스를 권해야겠다.

우리는 세상을 살아가면서 겪은 억울했던 일, 분했던 일들을 이야기하지 않을 것이다. 그 말을 주고 받아서 잠시 위로를 얻을 수도 있겠지만 서로의 가슴에 새로운 분쟁과 갈등과 증오의 싹이 움틀는지 모르니까.

서로의 선행을 내세워 자랑하지도 말아야지. 자랑하고 나면 언제나 어리석었음을 뉘우치게 되니까. 한쪽의 자랑이 다른 한쪽에게 별다른 감명을 줄 수 없는 경우가 태반이니까. 자랑이란 자기도취니까.

우리는 산길을 가며 옛날에 유행했던 노래의 가사를 함께 생각해 내고 흥얼흥얼 부를 것이다. 그 노래가 있었던 그때의 장소, 그때의 친구들을 추억하게 될 것이다. 우리들은 몹시 가난했던, 그러나 그 가난이 두렵거나 지겹지 않았던 옛날을 생각할 게다.

산길을 가면서 가난했던 옛날을 돌이켜 생각하는 것은 감사한 마음을 일으키는 동기가 될 것이다.

나는 나의 동행자가 얼마나 슬기롭게 어려움을 이겨냈는가, 얼마나 오랫동안 참고 기다렸는가, 얼마나 성실하게 묵상하고 노력했는가, 결코 뻐기지 않는 잔잔한 음성으로 아무런 과장도 수식도 없이 천천히 얘기할 때, 뛰는 가슴 젖은 눈으로 그를 우러러 볼 것이다.

그러면서 나는 생각할 것이다. '혼자 오지 않기를 잘 했구나. 저 사람과 동행한 것은 참으로 현명한 선택이었다.'

우리는 예상보다 좀 늦게 산정에 올라 우선 심호흡을 하고 저 아래 곰실대는 들판, 낮은 골짜기를 내려다보면서 겨우 손바닥만한 저 공간에서 개미처럼 살았던 일을 깨닫겠지. 실로 하찮고 시시한 일로 여러 밤을 새웠던 일의 해답을 얻을 것이며 위로를 받을 것이다.

흙, 나무, 낙엽 냄새를 풍기면서 쏴쏴 바람이 지나가고, 살아 있는 산의 숨소리가 싱그러운데 우리는 잠시 쉬면서 준비해 온 점심을 먹을 것이다.

먹으러 온 사람처럼 탐욕스러운 식성을 드러낼 사람은 둘 중에 없다. 포만감이란 얼마나 우둔한 감각인가? 그것은 우리의 예지를 마비시키고 활동을 지연시킨다.

에너지 공급 이상의 탐식은 나태의 원인이 된다. 우리는 많은 음식 대신 많은 이야기를 즐기겠다. 해와 달이 된 오누이의 이야기, 썩은 동아줄에 대한 것, 우리들이 붙들고 있는 동아줄의 견고함에 대하여 말할 것이다. 바위를 사모하던 파도의 얘기를 하면서 말없는 바위의 커다란 고독을 대신 슬퍼할 것이다. 바위는 혼자 사는 사람 같다고, 여럿이서 어울려도 바위는 여전히 홀로 사는 것이라고 말해야지.

아름다운 지명들, 가보고 싶은 곳,

프로방스, 갠지스강, 파밀고원, 바리하인, 수마트라.. 나는 세계지도를 이제 그리기 시작하는 초등학교 4학년의 환상으로 얘기하겠다.

나는 갑자기, 이 넓은 세계를 다 보고 죽기에는 인생이 너무 짧다고 느낄는지도 모른다. 그러나 그것도 잠깐이다. 나는 허무를 내쫓고 그도 그럴 것이다. 우리는 풀어놓았던 짐을 챙긴다. 천천히 챙겨들고 내려오는 길, 나는 그에게 꼭 이렇게 물어야겠다.

'그러면 우리는 지금부터 어떻게 살아가야 하겠습니까?'

나는 그가 이렇게 대답해 주기를 바란다.

'우리가 지금까지 살아왔던 속도로 그러한 걸음의 폭으로 살아야 합니다. 아름다운 일을 하며 삽시다. 우리가 앞으로 해야 할 일은 많은 사람을 사랑하는 일입니다.'

아름답게 사는 일, 사랑하는 일

나는 노래의 후렴처럼 그 말을 외면서 그를 다시 신뢰할 것이다.

천천히 쫓지도 쫓기지도 않고 내려오는 길. 골짜기에서 올라오는 수증기가 보랏빛으로 깔리고 발밑에서 바스락거리는 낙엽의 감촉은 애수를 느끼게 하겠지.

산에 가고 싶다.

새로운 산을 개척하듯 찾아가지 않고 가끔 가는 산을 다시 가고 싶다. 내주쯤 아니면 내내주쯤, 추월산이나 선운산, 송광사에서 선암사로 넘어가는 조계산, 가늘고 낮은 시누대 숲이 양옆으로 나 있는 그런 산.

휘파람 불며 가던 그 순탄한 산을 다시 가 보고 싶다.

고요와 적막에 대하여

나는 근래에 '고요' 혹은 '적막'이라는 말을 즐겨 쓰고 있다.

여러 편의 시에서 애용한 걸 보면 나는 드디어 고요와 적막, 그 진수를 사랑하게 되었나 보다.

생각해 보면 나도 고요와 적막으로부터 오래 떠나 있었다. 언제부터인가 한가와 여유를 잃어버리고 마치 쫓기듯이 살고 있었던 것이다.

고요와 적막이라는 말은 그동안 우리도 모르는 새 사라져 가고 있었다. 말에서만 그런 것이 아니라 삶의 방식에서도 마찬가지다. 고요와 적막이 있던 자리에 소요와 환호와 괴성이 자리잡게 되었는지. 어디를 가도 시끄럽다.

산에 가도 소란하고 바다에 가도 시끄럽다. 찻집도 음식점도 병원도 터미널도 공원도 천지사방 어디를 가도 조용한 곳이 없다.

그러나 시끄러움 그 자체보다도 더욱 걱정스러운 것은 사람들이 그 시끄러움에 길이 들어 있다는 사실이다. 시끄러움에 길이 들어서 이제는 오히려 적막과 고요를 못견뎌한다는 것이다.

실속은 없고 허풍만 있는 소요, 사색은 없고 행동만 있는 소요. 사람들은 모두 그 소요에 중독이 되어 있나 보다. 혼돈과 무질서, 질탕한 취기와 잡음 속에서 너도 모르고 나도 모르는 어둠에 몸을 맡기려나 보다.

적막 속에 차오르는 은은한 희열, 고요한 정진은 다 어디로 갔는가? 아름다운 눈물 후의 견고한 보람, 변치않는 기다림들은 어디로 갔는가?

다 어디로 가서 순간순간의 도취만을 탐하는가? 노력없이 횡재하기만을 바라는가? 둔갑술을 부리듯 변신할 것만 꿈꾸고 있는가?

적막과 고요는 맑은 분별을 요구한다.

적막과 고요는 겸허한 마음을 촉구한다.

적막과 고요는 묵상하고 싶은 마음을 자극한다.

적막과 고요는 자기 내면을 응시하는 시간을 제공한다.

그래서 우리들은 청결한 적막과 고요 속에서 정직하게 자기 자신을 들여다 볼 수 있는 것이다. 그러나 이제는 그것이 두려워졌나 보다. 설령 적막과 고요의 시간이 찾아올지라도 우리가 그것을 한사코 밀어내려고 하는 것은, 적막과 고요의 자리에 시끄러움을 불러들여서 숨막힐 듯한 심리적 부담감으로부터 벗어나려고 안달을 하는 것은 아마도 두려움 때문인가 보다.

'왜 이렇게 조용하냐. 얘들아, 우리 재미있게 놀자'

숙연한 분위기가 단 1분이라도 계속되면 누군가가 이렇게 소리를 친다. 고요한 분위기로 모처럼 진실해지는 것이 겁난다는 듯이.

'놀자'

노는 것도 소리를 지르면서 놀아야 잘 노는 것으로 여긴다. 생각없이 거리낌없이 실성한 사람처럼 미친듯이 날뛰자는 것이다.

사람들은 적막과 고요를 떠나면서 동시에 심각한 것을 싫어하게 되었다.

말을 조용조용 하는 사람을 못났다고 얕보고, 아무 내용이 없는 말도 박력있게 떠벌이면 잘난 줄 알고 속는다.

이상한 소리를 질러서 사람을 웃기면 똑똑한 줄로 생각한다.

거리에서 자동차 충돌사고가 났을 때, 먼저 반말을 하면서 주먹깨나 쓰는 사람처럼 먼저 삿대질을 해야만 이길 수 있다고 하는 사고방식이 일반화되었다.

'누가 실수를 했느냐가 중요한 것이 아니고 누구 목소리가 더 큰가가 중요해요.'

사람들은 아무렇지 않게 이런 말을 진리처럼 내놓는다.

학교에서는 위기에 처할수록 침착해야 한다고 가르치지만 그것은 실제 생활에서 아무 소용이 없는 교육이 되었다. 위기에 처할수록 사나워져야 하는 세상이다.

'넌 또 뭐야?' 단번에 상대방을 윽박지르며 멱살을 잡는 세상이 어찌 좋은 세상이겠는가?

법은 멀고 주먹이 가깝다는 말이 있다. 무식한 사람일수록 조목조목 이론으로 따지는 것을 싫어한다. 그는 논리를 세워 말할 자신이 없기 때문에 주먹질부터 하는 것이 상책이라고 생각할 것이다. 큰 소리로 떠드는 사람들 틈에서 조용한 사람들은 주눅이 들고 있다.

작은 밤벌레들의 울음소리, 시냇물 졸졸거리는 소리, 간간히 속삭이는 조심스러운 웃음 소리, 이런 것이 없어진 세상에서 우리들은 떠밀리듯 살고 있다. 이대로 가다가 이 세상에는 생각이라는 것이 없어지고 기분만이 판을 칠 것 같다.

고요와 적막이 그립다.

잃어버린 그것을 회복하고 싶다.

숲 그늘 큰 나무 아래의 산책, 새벽 안개, 쓰르라미 울음소리, 달밤에 책장을 넘기는 소리. 이런 것들은 모두 고요의 동반자다. 적막과 고요의 계절 가을이 왔다. 가을밤 고요 속에서 명작을 읽고 싶다. 잃어버렸던 적막과 고요에 오래오래 흔건히 파묻히고 싶다.

물처럼 순행하는 남자

나는 한때 패기에 넘치는 남성을 좋아했다. 체격이 당당하고 성격이 호방하여 태산이라도 짊어질 수 있을 것 같은 남자, 용기와 배짱이 있고 정열과 박력이 넘쳐서 씩씩한 남자, 그의 곁에서라면 천둥도 지진도 걱정이 없고 밤길을 걷다가 맹수를 만난다 해도 무서울 것이 없을 것 같은 남자, 이런 남자를 보통 남자다운 남자라 할 것이다.

옛날 서양 영화에 나오는 찰튼 헤스턴이나 커크 더글러스, 아니면 빅터 마추어 같은 남자. 그런 남자가 한 사람쯤 내 옆에 있어 준다면 나는 마음껏 기대어 긴장을 풀 수도 있을 것이며 내 부족하고 불완전한 구석을 그의 여분으로 충당할 수도 있을 것 같았다.

그런데 그런 남자를 좋아하는 여자들이 의외로 많음을 알고 난 후 나는 실망하였다. 공동의 과녁을 두고 떼를 지어 경합을 벌이듯 하는 모습이 싫었다. 그리고 나의 기호가 대중적 편향성을 능가하지 못한다는 것이 기분 나빴다.

중학교 때 내 짝의 수첩 속에도 그러한 배우들의 사진이 가득 끼워져 있었다. 언젠가 꼭 한 번 그의 공부방을 구경한 일이 있는데 사방 벽마다 그들 패기있고 박력있는 남자 배우들의 사진이 여러 장씩 붙어 있었다.

나는 크게 놀라지 않을 수 없었다. 이 애는 그냥 좋아하는 정도를 넘어서 열광적으로 연모하고 있구나 하는 생각이 들었다. 나는 아마 그날부터 내 짝이 싫어졌던 것 같다. 그리고 패기와 박력에 넘치는 그 남자들에게도 별다른 매력을 느낄 수가 없게 되었던 것 같다.

나는 차츰 외양이 번듯한 남자를 의심하기 시작하였다. 저들은 겉모양처럼 내면도 충실할까, 키가 크고 어깨가 벌어지고 음성이 우렁우렁한 저들은 그 키. 그 어깨, 그 음성을 하나님이 주신 전 재산으로 하여 자신들의 생활을 유지하는 도구로 삼지 않을까. 그리고 그 이외에 내놓을 만한 것이란 아무것도 없는 게 아닐까 하는….

나는 잘 생긴 남자보다 똑똑하고 잘난 남자가 좋다.

바른 뜻을 세우고 살아가는 남자, 그 뜻을 향하여 힘을 모으고 천천히, 그러나 꾸준히 성실하게 걸어가는 남자, 그에게는 정복해야 할 산이 있고, 해 떨어지기 전에 걸어야 할 길이 있으나 결코 그것 때문에 초조해 하거나 불안해 하지 않는 남자, 나는 이런 남자를 똑똑한 남자, 혹은 잘난 남자라고 부른다.

잘난 남자들이 많은 세상에서는 여자들이 우선 행복할 것이다. 남자들이 모두 잘나서 남자로서의 해야 할 일을 제대로 해 내는데 무슨 딴 변통이 있을 리 있겠는가.

잘난 남자는 자신의 책임과 권리의 한계를 알며, 가능과 불가능의 거리를 안다.

여자가 별스럽지도 않은 일을 가지고 징징 우는 소리를 하며 태산 같은 걱정을 늘어놓아도 똑똑하고 잘난 남자의 대범하고 유원한 판단력은 여자를 열두 번 위로할 수 있을 것이다. 그는 자신의 피곤을 여자에게 떠맡기지 않을 것이며, 자신의 사랑으로 여자를 바라볼 것이므로 그의 곁에서 여자는 마음이 더 부드러워지고 아름다워질 수 있을 것이다.

그는 실팍하고 견고한 의지를 가지고 있다. 그러나 흔히 의지로만 뭉쳐진 사람에게는 독선이 엿보일 수가 있다. 수시로 자신을 매질하기 때문에 숨막힐 듯 공고한 벽 속에 갇혀 타협을 모르고 지낼 수도 있다. 마른 땅처럼 강팍하게 외부와의 차단을 고집할 수도 있다.

그래서 나는 잘난 남자보다 온유한 남자를 더 좋아한다. 그는 온유하면서도 아무나 함부로 범접하지 못하게 하는 기품을 지니고 있다. 그의 기품은 성실한 하루하루의 생활, 정직하고 겸허한 일상의 자세에서 배어나올 것이다. 그리고 순결한 그의 정신에서 우러나올 것이다. 그에게는 여름산처럼 그윽하고 내밀한 가슴, 새와 바람과 구름이 쉬어갈 수 있는 그늘이 있다.

나는 온유한 남자가 지니고 사는 그 무성하고 향기로운 그늘을 인격이라고 부르고 싶다. 내가 생각하는 잘난 남자는 물처럼 유순해야 한다. 물은 겉으로는 전혀 강해 보이지 않고 확고한 투지나 신념도 없어 보인다. 그러나 그것은 물이 역행하지 않고 순리를 따르기 때문에 그렇게 보이는 것 뿐이다.

나는 인간이 동물과 다른 점에 대하여 지적한 수많은 현인과 철인의 말을 생각한다. 어떤 이는 인간만이 가지고 있는 가장 귀한 보화는 '언어' 라고 하였으며 어떤 이는 '생각할 수 있는 능력' 이라고 하였다. 나는 정열이라든가 패기라든가 세상에서 소위 '남성적 매력' 이라고 불리는 조항에 대해 의심을 품는다.

남성적 매력, 그 가운데에는 '동물적인 요소 '도 또한 적지 않다고 생각한다. 배짱이라는 것이 결국 모험을 의미하는 것이며 패기 또한 행동을 의미하는 것이 아니겠는가. 그리고 모험적 행동이란 성실한 기다림의 생활 양식과는 거리가 먼 것이 아니겠는가. 사고력이 결여된 행동은 동물적일 수밖에 없다.

남자다운 남자는 생각이 깊어야 한다. 자신의 이익만을 위하여 돌진하지 않고 주변과 이웃에 미치는 영향까지를 살피기 때문에 그는 신중하지 않을 수 없다. 사람들은 그에게서 하나의 독립된 '사람'을 발견하게 될지언정, 한 사람의 매력에 넘치는 '남자'를 먼저 발견하게 되지는 않을 것이다.

속으로는 그의 고뇌가 누룩처럼 다져져 있을지라도 그는 그것을 겉으로 드러내어 신음하거나 소리나게 흔들어 대는 법이 없다. 고뇌나 고독을 겉으로 드러내지 않는다는 것은 결코 쉬운 일이 아니다. 아마 보통 사람이 그렇게 되기까지는 상당한 기간의 수양이 필요할 것이다.

아, 내가 좋아하는 남성다운 남성—그는 사색이 짙은 검은 눈썹과, 이성과 예지에 빛나는 이마를 산정처럼 들고 있다.

아무도 없는 호젓하고 으슥한 곳에 그와 단둘이 있을지라도 나는 두려움을 느끼지 않아도 된다. 그는 연약한 여성인 나에게 동물적이고 광포한 본능만의 남성을 함부로 휘두르지 않을 것임을 나는 믿기 때문이다. 믿을 수 있는 남성—그가 있는 분위기는 안정되고 편안하다. 그가 있는 분위기는 여자를 행복하게 한다. 믿을 수 있는 남성, 그 이상 더 남성다운 남성은 없을 것이다.

사랑할 줄 아는 사람

어느 동짓달 저녁, 세느강을 가로지르는 다리 위에서 한 남자가 강물을 내려다보고 있었다. 그는 그날도 하루종일 일에 지쳤고, 너무 곤한 나머지 잠이 오지 않아 산책을 나온 것이다

도심의 한가운데 다리 위에 서서 강물을 내려다보고 있는 남자.

이 남자, 레마르크의 《개선문》 주인공 라빅크는 옛날이나 지금이나 내 가슴을 설레게 한다.

40여 년을 열심히 살아온 그는 나치 독일의 통치로부터 망명해 온 외과의사다.

그의 언행에는 과장된 표현이 없다. 타인에게 큰 기대를 걸거나 의지하여 무엇을 요구하는 일도 없다. 그러므로 늘 새로 만난 사람처럼 담담하고 무심하며 때로는 냉정하게 보이기도

한다.

그는 술을 마실 줄 알고 많은 술의 향기를 구별할 줄 안다. 이름이 길어서 외우기 힘든 오래된 술의 이름을 알며, 술이 주는 위안을 알지만 또한 슬픔도 안다.

안개 낀 저녁의 푸른 어스름 속에서, 그가 내뿜는 알제리아 외인부대의 진한 담배 연기는 그의 운명적 고독처럼 천천히 그 자신 속에서 피어 올랐다. 그리고 그의 전신을 감쌌다.

그는 무엇보다도 사람을 사랑할 줄 아는 남자다.

그리고 그는 사랑과 본능을 구별할 줄 아는 남자다.

불같은 열정을 품고 있지만 그것을 헤프게 드러내지 않는 남자. 값싼 희망이나 진부한 절망에 자신을 허술하게 맡기지 않는 남자. 타인의 눈이 해석하는 속된 뒷소문 때문에 당연한 진실을 은폐하지 않는 남자. 인생과 고독, 사랑과 아픔, 희망과 포기, 그리고 죽음과 추억, 더러는 화사하고 더러는 어둑한 시간의 부스러기들. 그 시간 속을 풍경처럼 걸어가는 남자다.

나는 이런 남자를 좋아한다.

한 때 나는 대륙의 들판을 달려오던 유리 안드레이에비치 지바고를 깊이 사랑했었다. 파스테르나크가 장차 〈의사 지바고〉로 키워 갈 소년 지바고, 자작나무 숲에 언뜻언뜻 모습을 보이면서 남 몰래 울고 있던 소년 지바고.

추수는 거의 끝나고 여기저기 남아 있는 밀묶음 더미 위에서 참새들이 여유있게 재재거리며 추위를 재촉하고 있을 때, 적막과 단조로움을 깨고 지평선을 질러오던 마차, 거기 지바고는 앉아 있었다.

그가 타고 있던 두 필의 말이 끄는 마차는 나에게 아득한 러시아의 지평선을 그리워하게 하였고, 삶의 권태를 몰아내는 기쁜 소식과 아름다운 사랑이 머지않아 내게도 찾아오리라는 막연한 희망을 품게 하였다.

그가 장차 자라서 무엇이 될 것인가?

어떻게 성취하고 누구를 사랑하며 어떻게 죽어갈 것인가?

그것은 어느 누구에게 있어서나 그런 것처럼 그에게도 아직 미지수였다.

그러나 나는 어린 그를 처음부터 믿었으며 그의 인생을 신뢰했으며 그의 앞날을 축복하고 사랑했었다.

《까라마조프가의 형제들》 중에서 제일 어린 알로샤는 순결한 영혼을 가지고 있다.

《야간비행》의 리비엘은 의지적이며 용감하고 고독한 남자다.

《페스트》의 류는 관념이 아닌 행동으로 헌신의 본보기가 된 강한 남자다.

세계 명작을 통하여 내가 사랑했던 남자들은 이 밖에도 많다.

이들을 사귀고 있을 때의 아, 내 화려하던 주변.

어떤 남자도 눈에 띠지 않고 어떤 유혹도 귀에 안기지 않던, 한껏 도도할 수 있었던 그 시절.

내가 그들과 사귀고 있는 동안 내 눈은 높아질 대로 높아졌을 것이다. 나는 좀처럼 지상에 존재하는 어떤 남자를 사랑할 수 없었다.

땅 위에서 숨쉬고 신발 밑에 흙을 묻혀 걷고 기침하고 잠꼬대도 하는 어쩔 수 없는 현실 속의 그렇고 그런 남자들, 나는 그런 남자들을 도저히 용납하고 긍정할 수 없었던 것이다.

하물며 어찌 사랑할 수 있었겠는가?

그래서 나의 사랑은 늦게 시작되었다.

책에서 만난 그런 남자를 쉽게 만날 수 없으므로 나의 사랑은 더딜 수 밖에 없었던 것이다

늦게 시작한 사랑에서, 나는 무엇보다도 남자의 당당함을 우선으로 삼았다.

매사에 자신이 없는 듯 쭈뼛거리며 망설이는 남자는 사람을 탈진하게 한다. 이러지도 저러지도 않고 어중간한 중립지대에서 눈치나 보고 있는 남자가 싫었다.

없는 것을 없다고 고백하면 있는 것보다 오히려 떳떳한 입장이 되며, 모르는 것을 모른다고 인정하면 알고 있는 것보다 오히려 우수하게 보인다. 당당하다는 것은 자신이 있다는 것을 의미한다.

아직도 나는 당당한 남자 앞에 서면 가슴이 설렌다.

그가 그 당당함으로 다른 사람의 의견을 무시하거나 위압하

지 않으며, 오히려 그 당당함으로 정직하고 질박한 마음을 광채나게 할 때. 당당할 때의 남자의 의젓함은 당당한 그 남자를 여름 산처럼 그윽하고 아름답게 할 것이다.

당당함과 무례함은 다르다. 당당함과 건방짐이 같을 수 없으며, 당당함과 오만함 또한 다르듯이.

여자건 남자건 당당하려면 우선 내용이 있어야 한다.

나는 실력을 기르기 위해 부단히 연마하는 남자를 좋아한다.

말이나 행동이 확신에 차 있는 사람은 자칫 타인의 입장을 고려하지 않을 수도 있다. 그래서 그 행동이 터무니 없는 고집이 될 수도 있고 더러는 독선이 될 수도 있을 것이다.

그러나 뿌리가 든든한 실력의 나무를 기르고 있는 남자의 언행은 깊은 사색과 명상을 곁들이게 된다. 사색과 명상은 그를 진실하게 할 것이다.

나는 가식과 허세가 있는 남자가 싫다.

자기 일에 몰두해 있는 남자는 나를 매료시킨다.

내가 비록 그 분야에 문외한일지라도 그 남자가 알고 있는 깊은 지식과 정연한 이론은 나를 감동시키고 변화시키기에 충분할 것이다.

그는 침착하고 성실하다. 남자의 성실은 세상을 살아나갈 힘을 길러 준다.

그는 물론 근면하다. 일을 사랑하고 인생을 사랑하며 사람을 사랑하기 때문에 근면할 것이다. 그러나 그에게 신을 경외하는 마음이 없다면 한결같이 근면하기 어려울는지 모른다.

그는 정직하다. 나는 당연한 일을 양심이라고 자랑하는 것에 거부감을 느낀다.

그가 가진 것이 아무것도 없을지라도 근면하고 성실하고 정직한 그는 세상의 모두를 가진 것처럼 부유하다.

그러나 그는 일에 시달리지 않는다. 오히려 일이 그를 탄력 있게 하고 향기롭게 한다. 정신이 이토록 건강한 그는 몸도 또한 건강할 수밖에 없다.

온건한 남자는 나를 감동하게 한다. 남성적이라는 말이 무조건 거칠고 대범한 것만을 상징하는 것은 아니다.

부드러움이 여성의 전유물이라는 생각은 옳지 않다. 나는 남자의 주변을 감싸고 있는 잔잔한 고요와 고결한 분위기를 사랑한다.

고상한 품위가 감도는 분위기, 근면과 성실이 주는 정직한 힘은 그를 어디서나 당당하게 할 것이다.

그리고 그 남자의 정결한 매력은 내 가슴을 영원히 설레게 할 것이다.

밀어내기와 끌어안기

첫번째 이야기 - 벌집 무단철거

새로 이사한 아파트는 일층이다.

처음에는 일층이라서 불편이 없을까 걱정했는데, 살아보니 좋은 점이 많았다.

무엇보다도 앞 뒤 정원에 심겨진 모든 수목들을 내 집 정원의 것처럼 가까이 즐길 수 있는 것이 여간 아늑하고 정겨운 게 아니다

단풍나무, 모과나무, 백일홍나무, 산수유, 전나무, 은행나무, 넝쿨장미, 사철나무… 그 밖의 많은 나무들을 가족처럼 혹은 이웃처럼 두고 있어서 내 마음은 한껏 평화로워지고 윤택해진 것 같다.

그런데 한 가지 성가신 것은 벌떼들이 자꾸만 모여 드는 점이다.

꽃들은 다 져버린 뒤고 그럴 만한 이유도 없는데, 특별히 뒤켠의 왼쪽으로 나 있는 창문을 열었다 하면 벌떼들이 윙윙거리며 나를 겁에 질리게 하였다.

벌들은 마치 출격명령을 받은 병사처럼 와와 함성을 질렀다.

바로 사흘 전 휴일이었다.

무심히 베란다의 화분을 들여다보고 있는데, 또 벌들이 프로펠라 소리를 내면서 내 둘레를 빙빙 배회하는 것이었다. 왜 벌들이 꼬일까, 그날은 주변을 찬찬히 살펴보기로 하였다.

'그러면 그렇지.'

창을 가리고 있는 단풍나무 가지 속에 벌집이 매달려 있는 것이 아닌가? 그것은 연밥주머니 모양을 한 꽤 큰 것이었다.

나는 단풍나무에 달려 있는 그것을 없애 버리기로 마음 먹었다. 전지 가위로 벌집이 붙어 있는 나뭇가지를 잘라내기만 하면 되니까 아주 간단한 작업이었다. 그러나 팔을 있는 대로 다 뻗고 또 발돋움까지 해야만 거기 겨우 손이 닿기 때문에, 혹시 도중에 벌들의 기습을 받지나 않을까 여간 조심스럽지 않았다.

나는 벌집을 단풍나무 가지에서 성공적으로 잘라내었다.

잘려진 벌집은 '툭' 하고 꽤 무거운 소리를 내면서 땅에 떨어졌다. 그러나 땅에 떨어진 그것으로 모든 것이 끝난 것은 아니었다.

느닷없이 땅에 추락한 벌들은 예상치 않았던 천재지변에 몹시 당황하는 눈치였다. 그들은 하나씩 둘씩 집밖으로 기어 나왔다.

그리고는 정신을 차려서 방향을 가늠하더니 점점 위쪽으로 올라오는 것이었다. 얼마만큼 올라온 그들은 이해할 수 없는 일이라는 듯 두리번거리면서 주변을 빙빙 돌았다.

그러더니 기여코 전에 그들의 집이 있던 바로 그 위치의 비슷한 가지에 하나씩 돌아와 자리 잡고 앉는 것이었다.

어쩌면 그렇게 정확히 집터를 찾아 모여 드는 것인지, 잠시 후에는 수십 마리 아니, 수백 마리가 모두 집합을 하게 되었다. 그들은 거기 새로 정착하려는 듯, 좀체로 떠나지 않을 기세였다.

나는 두려웠다. 저들이 총궐기하여 원인을 규명하고 그것이 나의 소행이라는 것을 알아내어 모종의 조처를 취할 것만 같았다.

그날은 하필 비바람까지 몹시 치던 날이었다. 나는 공연한 짓을 하였음을 후회하였다.

나는 그날 저녁 식사 시간에 낮에 있었던 일을 가족들에게 말했다. 그렇게 해야만 내 마음이 개운할 것 같아서였다. 그러나 말을 하면서 나는 좀 부끄러웠다.

내가 시인이라서 더 부끄러웠다.

시인이란 무엇인가? 생명을 부정하는 일, 생명을 생명으로

부터 격리시키는 일, 이것이 과연 시인이 할 수 있는 일인가?

그 행동에 사랑이 있는가? 사랑이 없는 곳에 시는 싹틀 수 있는가? 하는 생각이 들었다.

가족이 '그것은 잘못한 일' 이라고, 생명을 가진 것들을 이유 없이 쫓아내는 일은 앞으로도 하지 않는 것이 좋다고 지적하였다. 물론 예상했던 지적이었다.

그리고 덧붙이었다.

"어디서 읽은 이야긴데 이런 일이 있었데."

두번째 이야기 - 제비집 무단철거

제비가 해마다 처마 밑에 집을 지었다. 제비는 새끼를 치고 새끼들을 길렀다. 가을이 되면 그들은 강남으로 돌아갔지만 이듬해가 되면 다시 찾아오곤 했다.

처음에는 제비를 보는 것이 즐거움이던 집주인은 차츰 귀찮다는 생각을 하게 되었다.

어느 해 봄, 제비가 다시 돌아왔을 때 주인은 제비집을 헐어 버렸다.

밖에서 돌아온 제비가 집이 헐린 것을 보더니 다시 흙을 물어다가 새 집을 지었다. 주인은 다시 제비집을 부수었다.

이렇게 하기를 다섯 번인가 여섯 번 반복을 하였다.

저녁 나절 돌아온 제비는 자기 집이 또 없어져 버린 것을 보고 주인집 대들보에 머리를 부딪혀 자살을 해버렸다.

소름 끼치는 얘기였다.

나는 요즈음 아침 저녁 반성하는 마음으로 벌들을 관찰한다. 마치 거기가 아니면 어디에도 기거할 곳이 없는 것처럼, 그 공간은 그들 소유로 등기가 난 토지인 양, 누군가의 손에 의해 부당하게 헐린 집을 다시 이 토지 위에 건설해야 할 것처럼 그들은 단체로 계속 그 자리를 지키면서 떠날 줄 모른다.

아마 며칠 후면 벌들의 새집이 다시 들어설 것 같다.

나는 다시는, 벌집을 없애는 어리석은 일 같은 건 반복하지 않을 것이다.

나는 왜 지레 겁을 내는가? 왜 벌이 나를 공격할 것이라고만 생각하는가? 벌은 나를 하나의 자연으로 알고 찾아왔을지도 모르는 것을. 그는 나와 사귀고 싶었는지도 모르는 것을. 옛날의 고추잠자리처럼 나와 이웃하고 싶었는지 모르는 것을.

벌이 하필 우리 집앞 단풍나무에 그들의 거처를 정했다는 것은 참으로 자랑할 만한 일인 것이다. 그리고 고마운 일인 것이다.

세번째 이야기 - 고추잠자리

작년 여름이었다. 더위를 식히려고 가까운 변두리의 계곡에

갔었다.

무심히 바위에 걸터앉아 있는데 제법 큰 보리잠자리 한 마리가 내 주위를 선회하였다. 그러더니 두 무릎을 세우고 앉아 있는 내 엄지발가락에 가만히 내려앉는 것이었다. 나는 발을 뻗을 수가 없음은 물론이고 말도 크게 할 수 없었다. 아니, 나는 잠자리가 날아갈까 봐 숨조차 제대로 쉴 수가 없었다.

이 넓은 산천 경계 아름다운 곳을 다 두고 하필 내 발가락 끝에 내려와 쉬다니, 나는 그것이 자랑스러웠다. 잠자리와 이렇게 친근한 교분을 맺고 있는 나를 주변의 여러 사람들이 보아주었으면 싶었다.

잠자리는 나를 두려워하지 않고 오래오래 쉬다가 갔다.

투명하고 정교한 두 쌍의 날개를 나란히 펼친 그대로, 가느다랗고 긴 몸을 반듯하게 세운 그대로.

나는 내몸에 와서 쉬고 있는 잠자리를 보면서 이 세상의 수많은 곤충 중에서 잠자리처럼 깨끗하고 잠자리처럼 우아한 곤충은 없을 것이라는 생각을 하였다. 동시에 잠자리 말고는 내가 감히 가까이 다가갈 수 있는 곤충이 없다는 생각도 하였다.

매미, 개미, 메뚜기, 여치, 소금장이, 방아깨비, 귀뚜라미…… 사랑스럽고 예쁘기로 말하자면 단연 나비를 꼽을 수 있을 것이다. 눈에 두드러지는 매력으로야 나비가 잠자리보다 더 우위일 것이니까. 그러나 나비는 사람의 나비가 아니라 꽃의 나비이다.

푸른 나무 그늘에서 여름 내 울어대는 매미는 높은 나무 위에 있기 때문에 사람 가까이에 다가올 일이 없다. 땅에 엎드려 종신토록 일하는 근면의 표상인 개미는 땀흘려 일하는 근로자일 뿐이다. 우선 그에게는 날개가 없다. 날개가 없으므로 자연히 현실적이 될 수밖에 없으며, 아름답고 우아한 꿈 또한 없을 것 같다.

내가 한낱 작은 곤충을 사랑함에도 이처럼 가리고 차별하거늘 네 발 달린 짐승이야 더 일러서 무엇하겠는가?

나는 동물과 눈을 맞추는 것을 두려워한다. 어쩌다 눈이 마주치면 그 시선 속에 빨려들어 갈 것 같아서 내편에서 얼른 시선을 피한다.

나는 동물을 사랑하지 못한다.

사랑이라니, 사랑이라는 말은 두려움을 동반하지 않을 때라야 가능하지 않은가? 진실로 의젓하지 못한 고백이지만 나는 동물이 모두 무섭다.

무서운데 어찌 감히 사랑할 수 있으랴. 나는 동물을 사랑하는 사람들이 부럽다.

그 찻집의 이름

'찻집 이름을 무엇이라 지을까?'

참 엉뚱한 일이지만, 이것은 수십 년 동안 계속되는 내 고민이다. 꿈을 설계하듯 진지하게 그리고 행복하게 나는 그 고민에 빠져 있다. 내가 찻집을 운영할 가능성이란 백에 하나도 없는데 말이다.

수십 년 동안 궁리해 오건만 나는 아직도 찻집의 이름을 짓지 못했다.

그것은 우선 품위 있고 우아해야 하며, 그러면서도 충분히 매력적이어야 한다. 고귀해야 함은 물론이지만 너무 고답적이면 미숙해 보일 것이다. 이래저래 이름을 짓기가 수월치 않다. 대중의 취향이나 시세의 흐름에 따를 생각은 전혀 없다. 펄펄 날리는 인기나 유행은 지나가는 바람과 같으니까.

커피 전문점으로 할까, 전통 찻집으로 할까. 주문만 하면 척척 대령하는 만능의 찻집으로 해야 할까? 커피 전문점은 완전 서양풍이라서 고전적인 취향의 죽림 같은 선비들은 찾지 않을 것이다. 전통 찻집은 당귀 감초 등 보약 냄새 비슷한 분위기가 너무 답답할 수도 있을 것이다. 그렇다고 온갖 차를 모두 갖춘 백화점처럼 하는 것은 마음이 내키지 않는다.

내 찻집은 번잡과 소요를 피해 있는 내 삶의 여백이므로 '나'의 온기와 색깔을 갖추는 일이 가장 중요하다.

건물은 어디에 어떤 모양으로 꾸밀까? 멀리 떨어진 산중턱에 삼간 모옥을 지을까? 귀양살이하는 것처럼 쓸쓸할 것이다. 내가 찻집을 하는 것은 아름다운 사람들을 만나기 위함인데 너무 외지면 자진하듯 거기서 소멸할지 모른다. 그리고 은거한다는 것이 남의 눈에는 일종의 괴벽으로 비칠 수도 있다.

자연 그대로의 통나무집은 어떨까? 아직 송진내가 향기로운 중간 굵기의 나무를 자연 그대로 쌓아 올린 집--. 혹은 키가 큰 삼나무 숲 속에 창유리가 넓은 목조건물도 괜찮을 것 같다. 그 아래 호수가 내려다보이고 물 위엔 숲 그림자가 울적한데, 거기 몇 마리 물오리가 떠 있으면 생각이 더 깊어질 것이다.

차를 타고 좋은 풍경 속을 지나갈 때면 나는 내 마음대로 이쁜 찻집의 주인이 된다.

이름도 없고 위치도 모양도 아직은 미정인 집. 지었다 헐고

헐었다가 다시 짓는, 나무를 쌓았다가 벽돌을 쌓았다가 수십 년간 쌓고 고치고 다시 쌓는 집.

그리 좇길 일 없는 보통 날 한가한 시간이면, 나는 이렇게 실없는 생각으로 다시 바빠지곤 한다.

영산홍

선암사에 간 것은 4월이었다.

"저 나무들은 이백 년이 넘었습니다."

우리를 안내하던 스님은 비스듬한 언덕을 가리켰다. 언덕 위에는 키가 큰 영산홍이 두어 그루 서 있고, 꽃은 막 절정에 다다르고 있었다.

우리는 천천히 그 앞으로 다가섰다.

연분홍이라고 하기에는 그 분홍이 너무 애잔하게 잦아들고, 흰색인가 하면 그 깊은 안창 어디에선가 분홍의 안개를 뿜어내고 있는 것 같았다.

"철쭉하고 아주 흡사한데요. 스님! 영산홍과 철쭉을 어떻게 구별하나요?"

일행 중 누군가가 물었다. 진달래와 철쭉은 쉽게 가려낼 수 있겠는데, 철쭉과 영산홍은 자꾸 혼동이 된다면서.

그것은 나도 알고 싶은 것이었다. 같은 꽃을 두고서도 한 사람은 철쭉이라 우기고, 또 다른 사람은 영산홍이라고 주장하는 걸 여러 번 봤기 때문이다. 그러나 스님의 대답은 기대했던 것보다 싱거웠다.

"영산홍은 이렇게 빛이 맑아요."

'빛이 맑아요' 라는 그의 말에서 '누구나 보면 금방 알 수 있는데 그걸 모르세요?' 라는 의중을 엿볼 수 있었다.

그러나 내 눈에는 선암사 경내의 모든 꽃 색깔이 다른 곳에 피어 있는 것보다 훨씬 맑아 보였다. 물론 그 영산홍이 들이 비치듯 훨씬 투명하긴 했지만, 그야 이백 년이나 되었으니 그럴 만도 하지 싶었다.

이백 년이라―――. 사찰의 안뜰에 이백 년 동안이나 서 있었으면 수도를 열심히 했겠지. 수도하면서 그 어느 날을 기다렸을까. 무슨 일이 일어나기를 기다렸을까, 아니면 어떤 사람을 기다렸을까. 이백 년 동안 한결같이 자신의 색채를 걸러내고, 해마다 더 맑게 피를 증류했겠지.

그런 생각을 하면서 우리는 꽃을 배경으로 사진을 찍었다. 나는 맑은 영산홍 곁에 더 오래 서 있고 싶었다. 오래 서 있으면 내 피도 맑게 걸러질 것 같았다.

'영산홍은 이렇게 빛이 맑아요' 라는 말은 분명 영산홍을 철쭉보다 우위에 세우는 찬사일 것이다. 나는 요새 '맑다' 는 말에 집착해 있다.

올 정초에 건강종합검진을 받았는데 나중에 집으로 우송된 소견표에는 정상수치를 벗어난 몇 가지 징후가 적혀 있었다. 그 중에서 나를 지금까지 긴장하게 하는 것이 고지혈증이다.

고지혈증高脂血症,

글자 그대로 피에 기름기가 많다는 것이겠지. 나는 내가 고지혈증이라는 것이 떳떳하지가 않다. 의학적으로 내 건강에 어떤 해악을 끼칠 것인가를 생각해서가 아니다. 나는 우선 내 피에 기름이 많이 끼었다느니, 그래서 피가 혼탁하다느니 하는 말들이 아주 불명예스러운 정의로 들리는 것이다.

당장 그 날부터 나는 피를 걸러내는 작업에 착수하였다. 채식만을 고집하고 동물성 식품은 독을 보듯이 한다. 너무 그러다간 나중에 영양부족이 되어 더 심각한 일이 벌어질 수 있다면서 충고하는 사람들이 많다.

그래도 우유는 마셔야겠기에 수퍼마켓 진열대에서 저지방우유를 둘러보는데 언뜻 이런 구절이 눈에 띄었다.

'시처럼 맑은 저지방 우유'

그 표어를 읽는 순간 기분이 어떻다고 해야 할까. 꼭 나를 지목하고 훈계하는 문구처럼 보였다. 야릇한 낭패감이 발꿈치를 타고 내려 나를 아주 왜소하게 주저앉혔다.

한낱 우유의 맑음을 과시할 때도, '시처럼 맑은' 이라 하였거늘, 그 맑은 시를 생산하는 시인의 몸에 끈끈한 기름기가 순환한다는 게 말이 되는가.

내가 그동안 먹은 음식들은 산해진미였구나. 나는 마치 생존경쟁 약육강식의 전장에 나온 병사처럼 게걸스러운 식욕으로 요절을 내었구나. 그리하여 지금의 내 피는 그동안의 내 탐욕을 증거하고 있구나.

나는 시인으로서 고지혈증이라는 내 몸의 징후가 죄인의 혐의처럼 생각되었다.

그런데 오늘 다시 저토록 맑은 영산홍을 만난 것이다.

나도 피를 걸러야 하는데. 이백 년 서서 수도하는 영산홍처럼 나를 다스리고 절제하면서 시가 되기를 기다려야 하는데. 영산홍 곁에서의 이 열등감을 정직하게 받아들이자.

나는 내내 이런 생각을 하면서 경내를 돌아다녔다.

그날 선암사에 간 것은 '시사랑회' 의 연례행사 때문이었다.

사찰 뒤쪽의 넓은 누각에 자리를 잡고 준비해온 시를 몇 편씩 암송하고 감상할 때, 한 회원이 분위기를 맞추려고 그랬는지 갑자기 예정에 없던 서정주의 〈영산홍〉을 읊었다. '영산홍 꽃잎에는 산이 어리고 산자락에 낮잠 든 슬픈 소실댁――'

〈영산홍〉을 낭송하는 소리를 아득하게 들으면서 나는 문득 소설가 J를 생각하고 있었다.

"그이는 말하자면 식물성이에요."

J는 여러 사람 앞에서 자기 남편을 옹호하고 두둔하려는 뜻으로 울먹이면서 그 말을 했었다. 자기 남편이 얼마나 순수하며 아름다운 사람인가를 역설하려고 그랬을 것이다.

J는 처녀 때 아내가 있는 그 남자와 세상이 시끄러울 만한 사랑에 빠졌었다. 그 때문에 결국은 둘이서 감옥까지 갔고, 출옥 후 그들은 빈털터리가 되어 결혼하였다. J는 '슬픈 소실댁'의 자리에서 벗어날 수는 있었지만 겨우 두어 달인가 살다가 그 남편과 사별을 했다.

그러므로 J가 '그이는 말하자면 식물성이에요.'라고 죽은 남편을 회상할 때, 그녀의 음성에는 사람의 감정을 뒤흔드는 끈끈한 호소력이 담겨 있었다.

꼭 '그후부터'라고 잘라 말할 수는 없다. 그러나 이상하게도 나는 사람의 성향을 분별할 때, J가 떠오르고 저이는 식물성일까 동물성일까 생각하는 버릇이 생겼다. 그리고 나도 J처럼 점차 식물성을 편애하는 마음이 되어갔다.

식물성은 동물성보다 사납지 않겠지. 식물성은 동물성보다 욕심이 덜하겠지. 식물성이므로 마음이 약하고 선량하겠지. 참을성이 있고 기다릴 줄 알 거야. 피해자는 되어도 가해자는 되지 못할 거야. 걸핏하면 화를 내는 일도 없고, 화가 나더라도 누르고 자기를 탓할 거야.

나는 식물성을 지향하면서, 깜냥에는 계속 노력도 하면서 살아왔던 것이다. 그러나 누군가가 내 등뒤에서 이렇게 말하지 않는다고 장담할 수는 없다.

'이향아는 동물성이야.'

그렇게 말한다고 해도 내가 지금 무엇이라고 변명할 수 있을까.

아무튼 나는 피부터 맑혀야 한다. 나를 걸러내지 않고서는 한 구절의 시도 쓸 수가 없을 것이다. 이백 년은 불가능하지만 이십 년, 그것이 길면 십 년이라도 어느 둔덕에 흔들리지 않고 서서 나를 정화해야 한다. 영원히 오지 않을지도 모르는 어느 날의 그 무엇을 맨발로 기다려야 한다.

돌아올 때는 노을을 안고 왔다. '소실댁 툇마루에 놓인 놋요강' 에 비치는 햇살처럼 노을은 '쟁쟁' 소리를 내면서 가라앉고 있었다.

추억으로 가는 여행

멀리 바다가 보였다.

나는 바다를 보게 되리라고는 생각지 못했었다. 내가 원래 목적하고 온 곳은 P시였다. 초행길이라서 시간을 재기도 익숙하지 않긴 했지만 마음이 설렁설렁 들떠서 일찍 떠나고 싶었었다. 하는 일 없이 객지의 거리를 흐느적거리면서 거닐어 보고 싶은 충동, 공연히 시장길을 기웃거리면서 무리 속에 익명으로 끼어 하루를 마음대로 부스러뜨리고 싶었다.

그러나 막상 도착하고 보니 약속 시간까지는 무려 3시간 가까이 여유가 있고 좀 따분하였다. 나는 여기저기 어슬렁거리다가 다시 시외버스를 탔던 것이다.

버스는 가다가 서고 가다가 섰다. 완행인 모양이었다. 바쁘지 않으니 완행도 나쁘지는 않았다.

여러 사람들이 내리기에 나도 거기 묻혀서 내렸다.

아무 데서나 문득 내리고 싶은 장소에서 내릴 수 있는 여행. 이것은 얼마나 오래 전부터 꿈꾸어 오던 일인가. 이럴 수도 있구나, 생각만이 아니고 낯선 곳에서 방종을 즐기듯이 내려서 두리번거릴 수도 있구나.

나는 즐거웠다.

길가의 허름한 가게에 들어가서 이곳이 어디냐고 물었다.

'줄포' 라고 하였다.

"맞어! 줄포야."

나는 줄포에서 내리게 된 것이 예삿일 같지가 않았다.

옛날 준선이가 늘 말하던 바로 그 줄포인 것이다.

'엄마가 줄포에 계셔. 나도 거기서 태어났어.'

처음에 그녀는 그렇게만 말했었다.

그러더니 나중에는 벼라별 말을 다 했다.

'엄마하고 이혼하기 전에 아빠가 돌아가셨더라면 좋았을 텐데…'

라는 말이 나오고, 내가 새로운 사실에 놀라는 표정을 감추지 못할 때까지 준선이는 계속 집안 얘기를 했다. 한 번 터진 말이니 아주 끝까지 가보자는 것인지, 가슴이 덜컹덜컹 내려앉는 얘기들을 담담한 목소리로 했다.

줄포에서 엄마가 선생님을 하셔. 줄포에 같이 가지 않으련? 나는 여름방학 동안 줄포에 있었어.

내가 왜 그 줄포를 이렇게 오랫동안 잊었을까. 하기야 잊어버린 것이 어찌 줄포뿐이겠는가.

준선이도 잊었었고 그녀와 나를 둘러싼 일들도 다 잊었었다.

별 중요하지 않은 일이고 생각하기에 따라서는 시시껄렁한 얘기라고 할 수 있지만, 그런 것들을 잊었던 것은 내 잘못이었다. 그것은 미안한 일이다. 무엇보다도 준선이에게 미안하고 잊혀진 일들에 대해서도 미안하고 그리고 끝내는 내 자신에게도 미안하다.

나는 을씨년스러운 바다 쪽으로 걸어갔다. 소란하고 화려했던 여름의 흔적은 아득한 옛날의 일처럼 사라지고 없었다. 바다는 침잠 속에서 사색하고 있는 것 같았다.

겨울 바다는 철학적이었다.

준선이는 나이에 맞지 않게 철학적이었다.

세상이 다 그런 것이지 뭐. 그 사람한테도 일리는 있어. 잘은 모르겠어, 내가 생각할 때 그렇다는 말이지. 희망을 걸지 않았으니까 실망하지도 않을 거야.

그녀는 그렇게 힘이 빠지는 말만 골라서 했다.

그리고 그녀의 철학은 혼자서 가는 길이었다. 하기야 여럿이서는 하나도 되는 것이 없으니까. 여럿이 볼 때는 있는 것처럼 보여도 실상은 없는 것이 더 많으니까. 그녀가 혼자서 자신의 인생을 짊어지고 흐느끼면서 독백으로 인생을 저물게 했던 것은 그렇게 하지 않은 것보다 훨씬 현명했을지도 모른다.

중학교 때 철학자라는 별명이 붙었던 선생님들은 대개 세상을 등지고 타락한 듯이 옷차림이 남루했었다. 불쌍해 보이던 철학자 선생님들. 불쌍해 보여도 어딘가 높아 보이던 철학자 선생님들.

나는 어디선가 떠내려온 지푸라기를 보았다. 비닐 끈도 보았다. 바다는 그 생명의 본질과는 아무런 관계도 없는 이물질들을 해안에 밀어다 부쳤다. 나는 을씨년스러운 모래밭에 하이힐을 꽂으면서 준선이를 생각하면서 철학을 생각하면서 걷고 걸었다.

P시까지 가서 그를 만나야 한다는 생각은 별로 중요한 일이 아닌 듯이 생각되었다. 바다가 일러준 철학이 서서히 내 생각을 바꾸는 것 같았다.

"희망을 걸지 않았으니 실망하지도 않어"

준선이가 이 철학을 깨닫기까지 얼마나 깎이었을까 바닷물에 씻긴 둥근 조약돌을 주우면서 나는 생각하였다.

그리고 나는 생각하였다. 내가 목적으로 하고 가던 곳이 어디였지?

나는 마치 줄포에 오기 위해서 온 사람처럼, 그리고 다음 목적지를 향하여 더 가지 않아도 되는 사람처럼 모든 것을 착각하고 있었다. 나는 주제를 잃어버린 여행이 더없이 편안하였다.

2부

세잔느를 아십니까
가을을 걸어가는 여자
저녁 들판을 지나며
회색의 미학
문 닫히는 소리
바다가 있는 그림
오래된 것들
우체국이 있는 풍경

세잔느를 아십니까

'세잔느를 좋아하세요?'

'네, 좋아합니다.'

'그 사람의 〈목매단 사람의 집〉이라는 그림을 아시죠?'

'--글쎄요. 그런 그림이 있었던가요?'

〈목매단 사람의 집〉은 세잔느의 그림 가운데서 특별히 잘 된 작품도 아니고 그의 화풍을 대변할 만한 작품으로 평가되지도 않는 것 같다. 미술을 전공하는 사람들도 〈목매단 사람의 집〉이라는 세잔느의 그림을 기억하고 있지 않은 걸 보면 말이다.

〈목매단 사람의 집〉은 그저 평범한 풍경화다. 허술한 두 채의 집을 좌우에 근경으로 두고 두 지붕 사이로 멀리 낮은 언덕이 보이는 그저 평범한 그림이다.

인적은 없다. 집의 창을 반쯤 가린 몇 그루 나무들의 잎이 진 걸 보면 아마 늦은 가을인가. 색깔과 분위기가 전체적으로 노란 갈색을 띠고 있다.

별스럽지 않은 그림, 널리 알려진 그림도 아닌 것을 내가 어떻게 이만큼 소상히 알게 되었는가.

솔직히 말해서 나는 〈목매단 사람의 집〉이라는 그림 때문에 세잔느의 다른 그림을 유심히 보게 되었다.

수십 년 전 나는 〈목매단 사람의 집〉, 다만 그 한 장의 그림을 보고 K출판사에서 만들어낸 고급 아트지 4×6배판 크기의 《세계미술대전집》 12권을 2년 분할 월부로 사들였다. 이것은 가난한 그 시절 내가 저지른 사건으로 매우 큰 것이었다.

그런 고가의 책을 더구나 전공분야의 서적도 아닌 것을 구입하면서, 단 한 마디의 의논도 하지 않은 내 즉흥적 처사를 남편은 못마땅해 하였다.

사전에 의논하지 않은 것이 흠이긴 했지만 나는 그때 어쩔 수가 없었다. 그것은 실로 강렬한 충동이었다. 바로 세잔느의 〈목매단 사람의 집〉 때문이었다.

그림 그 자체라기보다는 그림의 제목 때문이었다. 제목을 읽고 그림을 보고 그림을 들여다보면서 다시 제목을 연결시켰다. 나는 한 사람이 소중한 목숨을 버리게 되기까지의 진실하고 간곡한 고백을 듣는 심정으로 책을 사들였던 것이다.

그러나 충동은 대상을 향한 뜨거운 열정이 없고서는 일어나지 않는다.

목을 맨 사람이 살던 집은 한 마디로 음습한 집이다. 그가 목을 맴으로 인하여 더 그렇게 되었을 것이다. 그 집이 거기 존재하는지 누구 하나 눈여겨보지 않을 소외된 집이다. 살아 남은 식구들이 몇인지는 몰라도 뿔뿔이 타지로 나가 있거나 무단가출의 상태에 있는 듯 우울과 정적만이 농무처럼 눌어붙은 답답한 집이다.

그 집은 창이 작아서 빛이 적을 것이다. 벽이 두꺼워서 웬만한 소리는 들리지도 않을 것 같다. 목을 맨 사람의 집을 지배하는 것은 질기고 오래된 나태의 분위기다. 세잔느는 이걸 높은 언덕에서 그렸는지 그림이 전체적으로 가라앉아 있다.

전 세계 화가들의 작품을 겨우 열두 권으로 편집해 놓은 작품집을 보고 내가 감히 무엇이라고 더 깊이 있는 말을 할 수 있겠는가.

그러나 때로는 한 단면으로 판단하는 문외한의 눈이 전문가 이상의 것을 지적해 낼 수 있을는지도 모른다.

세잔느는 약 2년간 오베르 지방에 머물러 작품 활동을 하였다는데 그래서 그런지 그의 작품에는 오베르의 풍경화가 여럿이다. 〈목매단 사람의 집〉 역시 그 오베르 지방의 한 모습을 그린 것이다.

세잔느의 풍경화들은 어느 것이든지 오베르든지 에스타크든지 프로방스든지, 그리고 그가 강과 바다, 나무와 바위 중

무엇을 그렸든지 간에 그 풍경화 가운데에는 반드시 '사람이 사는 집' 이 있다.

풍경화에 반드시 인가를 그려 넣었다는 것은 인간 생활을 중시한다는 뜻이 아니겠는가? 아무리 위대하고 신비하고 엄숙한 자연도 인간이 배제된 상태에서는 별 의미가 없다는 것을 웅변하는 것이 아닐는지.

아마 내 추측은 들어맞을 것 같다.

인간의 삶, 그 아름다움은 물론 고통과 슬픔까지도 사랑한 세잔느라면 목숨을 처리하여 살기를 포기한 목매단 사람의 집에 자석처럼 끌리는 호기심과 동정을 느끼지 않을 수 없었을 것이다.

내가 수십 장의 다른 그림들을 지나쳐 넘기면서도 목매단 사람의 집에 시선을 고정시키고 울렁거리는 가슴을 진정시켰듯이 세잔느도 그랬을 것이다. 풍성한 오베르의 자연 경관 가운데서도 꼭 자살한 사람의 집을 택하여 무엇인가를 그려내야 한다고 생각했을 세잔느.

죽은 사람의 집에 대한 그의 관심은 죽음에 대한 관심이 아니라 삶에 대한 관심일 것이다. 그것은 사람에 대한 경외심과 성실성을 표현한 것이며 생명의 옹호를 표현한 것이다. 그리고 내가 세잔느의 그림에서 취택한 것도 바로 그것이다.

나는 삶을 찬양하며 삶의 흔적을 사랑한다.

빨래가 널린 집, 새끼 토막이 떨어져 있는 마당, 시래기를 엮어 매단 헛간, 호박고지가 마르는 장독대, 나는 이러한 생활의 모습을 사랑한다.

한쪽으로 쓸릴 듯 기울어진 부엌 헛간에 오전 열시의 햇살이 비스듬히 비치고 사람들은 일하러 논밭으로 나갔는데 부엌 아궁이에 아직 남아 있는 불씨, 흙벽에는 메주 몇 덩이 혹은 씨종자 옥수수 몇 자루가 매달리고 창호지 문은 여기저기 찢겨져 있는데 토실토실한 암탉은 구구거리며 돌아다니는--. 이러한 풍경을 나는 좋아한다.

물론 나와 문화권이 다른 세잔느의 그림에 이런 것이 취급될 수는 없다. 그러나 식탁 위에 놓인 과일 그릇, 커피 주전자, 꽃병, 함부로 구겨진 식탁보 등을 정물의 소재로 삼았다는 점, 향토에 대한 애정을 수많은 화폭에 담았다는 점 등은 그가 예술가로서 그만큼 견실하였으며 실생활에 충실했음을 보여주고 있는 것이라고 하겠다.

그는 자화상을 많이 그렸다. 자화상들은 대부분 눈을 한쪽으로 치켜뜬 모습을 하고 있는데 거울에 비친 자신을 보면서 그리려면 그렇게 되겠지만, 어쩌면 자기 응시, 자기비판의 눈길이 아닐까. 그는 가장 가까운 자기를 먼저 응시하고 혈연과 지연을 바라보면서 차츰 인류의 보편성에 호소한 화가였을 것이다. 이것은 순리의 경로이다.

어떤 이는 예술과 생활을 극력 분리시키면서 예술가가 생활에 초연하기를 요구하기도 한다. 그리하여 그가 허공에 떠서

환영과 추상으로 된 유다른 세계에 머물러 주기를 바란다.

그러나 위대한 예술은 위대한 생활에서 잉태된다. 그리고 위대한 생활이란 즉, 별스럽지 않은, 자질구레하고 시시한 매일매일의 연합이다. 타고난 목숨을 목숨으로 다스리는 일은 실로 위대하다.

〈목매단 사람의 집〉 앞에서 멈춘 세잔느의 발길. 그것을 그려낸 세잔느의 정성은 타고난 목숨에 대한 존엄성이며, 죽은 이를 향한 끓어오르는 애정 때문일 것이다.

가을을 걸어가는 여자

봄 여름 가을 겨울 사계절 중 나는 어떤 계절에 속할까?

만일 내가 가을 여자의 이미지를 가졌다면 내 어떤 모습이 그런 생각을 유발시켰을까?

나는 가끔 아무짝에도 쓸데없는 공상을 한다. 그러나 이 세상의 화려하고 재미있는 일들은 거의 아무짝에도 쓸데없는 일들이다. 의미심장하고 심각한 일보다 부질없고 싱거운 일들이 우리를 행복하게 한다.

의미심장한 일들은 그 심장한 의미 때문에 사람을 긴장시켜 피곤하게 한다. 의미심장한 일들은 그 심장한 무게로 사람을 짓눌러서 다른 생각들을 희생시킨다. 나는 차렷 자세로 대기하는 것이 싫다.

부질없는 일이여, 부디 무사하거라, 부질없는 일이여, 앞으로도 길이 건강하거라.

부드럽고 애잔하기로 말하자면 누구나 망설이지 않고 봄의 여자를 꼽을 것이다. 그러나 봄이란 정말 부드러운 것일까? 이내 부러지고 꺾일 만큼 약하고 연한 것일까? 그것은 어림도 없는 오해다.

단도직입적으로 말하거니와 봄은 일년 중에서 가장 힘이 세고 가장 예리하고 어쩌면 가장 악착같을는지 모른다.그렇지 않고서야 어찌 얼어붙은 굳은 땅으로부터 새 생명을 밀어낼 엄두를 낼 수 있으랴. 여린 듯이 부드럽게 미소하는 봄. 하늘하늘 나부끼듯 손짓하는 봄. 그러나 나는 봄에서 함부로 넘볼 수 없는 두려운 의지와 힘을 본다.

음성이 가만가만 가냘픈 여자. 웃을 때도 수줍은 듯이 손으로 입을 가리고 걸음걸이도 가벼워서 있는 듯 없는 듯이 조용한 여자. 나는 그런 여자가 집요하게 자신의 의지를 관철하기 위해 지치지 않고 투쟁하는 것을 보곤 한다. 아니다, 내가 잘못 말했다. '투쟁' 이라는 말은 '봄의 여자' 와 어울리지 않는다. 차라리 '유혹' 이라고 바꾸는 것이 좋겠지. 외유내강의 유혹은 포섭하듯이 은근히 파고 들어서 남이 모르게 물들일 것이다.

그녀를 보고 있노라면 저 작고 여린 몸에 어찌 저리 강한 분노가 있을까? 저 가녀린 음성에 어찌 저렇게도 강한 의미를 담고 있을까? 도저히 불가능하다고 생각되는 일을 어떻게 소리

없이 이뤄냈을까? 경탄에 경탄을 거듭하지 않을 수가 없다.

여름 여자의 이미지는 너그럽고 수더분하다. 그녀는 살결이 희부옇고 가슴이 풍만할 것이다. 아마도 그녀는 커다란 꽃무늬가 화려하게 그려진 아사 원피스나 뽀풀린 원피스를 즐겨 입을 것이다. 풀을 적당히 먹여서 걸을 때면 사그락사그락하는 소리가 청결하게 들리고 쌀풀 냄새가 싱그러운 식물성 섬유의 원피스는 목부분이 많이 파였다. 그녀는 낙관적이어서 어지간한 일로 근심하지 않는다. 만난 지 얼마 되지 않아도 금세 '형님', '아우' 하면서 가까워지고 조금 가까워졌다 하면 까다로운 예의 같은 것을 따지지 않으려고 든다. 그녀는 사람 좋다는 말, 성격이 원만하다는 말을 자주 듣는다.

그녀는 인정이 많아서 웬만하 일이면 거절하지 못한다. 정의감도 강하다. 남의 궂은 일에 언제나 앞장을 서서 팔 걷어 붙이고 도와주려고 한다. 그녀는 조금 수다스러운 듯 말소리가 크다. 어디서 소문을 잘 물어오고 그 말을 참고 혼자 간직하지 못하는 것이 탈이다. 그녀는 웃음이 헤프고 눈물도 많다. 먹성도 좋고 잠도 많다.

그녀는 남자친구가 많지만 한 남자를 오래 사귀어 애인을 만드는 일에는 미숙하다. 여름 여자는 르느와르가 그린, 목욕을 막 끝낸 여자를 연상시킨다.

겨울여자는 이지적이다. 그녀는 오만하고 도도한 것처럼 보인다. 그녀는 깔끔하고 총명하며 자존심이 강하다. 진실로 자존심이 있는 사람은 다른 사람에게 폐가 될 일 같은 것은 좀처럼 하지 않기 때문에 그녀의 한 생애에 사죄할 일은 물론 사과할 일도 별로 없을 것이다.

그녀가 평생을 바쳐서 탑처럼 쌓아 올리고 싶은 것은 명예다. 그러나 명예란 단순히 이름을 보존하는 일이 아니요. 신념과 철학과 인격을 달성하는 일이라고 믿고 있다.

그녀의 주변에는 그녀의 크리스탈 같은 지성과 동백꽃 같은 향기를 사모하는 사람이 있다. 하지만 여간해서 근접할 수 없는 위엄 때문에 쉬 용기들을 낼 수가 없을 것이다.

그녀는 혼자가 되는 것을 좋아한다. 겉으로 쓸쓸하고 외로워 보이지만 진실로 인생이 쓸쓸하거나 허무하다고 생각해 본 적은 없다. 그녀는 어이없게 무너질 수도 있으며 어이없이 꺾일 수도 있다. 그래도 사람들은 그렇게 생각하지 않는다. '완벽한 그녀 앞에서 행여 실수하면 안돼' 라고 말한다. 그녀가 완벽하지 않을지라도 사람들은 그렇게 여기는 것이다. 겉으로 무장하고 있어서 강해 보이나 보다.

가을 여자는 철이 든 여자다. 철이 들었다는 것은 쓸쓸한 일이다. 세상의 모든 슬픔은 철이 들면서 시작되었고 세상의 모든 외로움도 철이 들면서 시작되었으니까.

가을 여자는 니트의 옷을 걸쳤다. 내가 여기서 '입었다' 고 하지 않고 '걸쳤다' 고 하는 것은 그 옷이 주는 자유로운 느낌 때문이다. 치마는 무릎 아래를 지나 발목과의 중간 부분에 닿아 있다. 받쳐 입은 실크부라우스의 느슨한 리본은 그녀를 부드럽고 단아하게 한다. 아니 때로는 자유분방하게 보이게도 한다. 그녀의 옷 색깔은 보통 올리브색이다. 아니면 겨자색, 아니면 크림을 섞은 엷은 커피색일 때도 있다. 그녀는 색의 선택에 까다로운 편이다.

가을 여자는 숙성하여서 먼저 느끼고 먼저 판단한다. 그녀는 맡은 일에 최선의 열정을 쏟는다. 그래서 누구나 '그 사람이라면 잘 할 수 있을 거야' 라고 믿는다. 그만큼 성실한 것이다. 성실, 이것은 그녀가 지니고 있는 보석처럼 그녀의 가치를 빛나게 한다.

가을 여자는 혼자서 떠나는 먼 여행을 좋아하고, 여백이 많으면서도 화려한 그림을 좋아한다. 가을 여자는 모딜리아니의 그림에 나오는, 고개를 열한 시 반이나 열 두시 반의 시계 바늘처럼 한쪽으로 꼬고 있는 여자를 생각나게 한다. 행동하거나 서두르기 전 깊이 생각하는 버릇이 있다. 무턱대고 도전하거나 불가능은 없다고 소리치지 않는다. 세상에는 사람의 힘으로 어쩔 수 없는 불가능이 있다는 것을 인정할 줄 알며, 그것을 체념하는 슬기로움도 가지고 있다. 그녀의 말투는 조심스럽다. 그녀는 이런 말을 잘 한다.

'괜찮을까요?' '더 기다리겠습니다', '고마운 일이지요'

나는 가을 여자가 되고 싶다.

그러나 내가 정말 큰 누님이나 큰 형수처럼 사려깊은 가을 여자가 될 수 있을까? 지긋하고 아름다운 가을 여자의 몫을 감당할 수 있을까? 참을성이나 희생심이 모자라니 아무래도 아닌 것 같다. 설령 가을 여자가 되지 못한다 하더라도 실망하지는 않겠다.

지금은 무르익은 가을이니까. 그리고 나는 그 가을의 한복판을 유유히 걸어가고 있음에 틀림 없으니까.

저녁 들판을 지나며

고속버스를 타고 서울과 광주를 거의 매주 오르내리면서 나는 하루 중 가장 아름다운 시간을 차 안에서 보내곤 한다.

오후 4시 넘어서 황혼을 거쳐 밤이 되려는 시간.

움직이는 차 안에서 해가 지고 밤이 오는 것을 보고 있노라면 별스러운 느낌을 가지게 된다. 가령 고정된 어떤 지역에서 맞는 단순한 시간의 변화와는 그 속도가 매우 다르다. 끊임없이 흐르는 시간이 끊임없이 새로운 공간을 펼치면서 자꾸만 깊어지다가 드디어 어둠 속으로까지 뚫고 가는 것 같은 느낌.

마치, 내 목적지가 어느 공간이 아니요 어느 시간인 것 같다.

어둠은 산골짜기마다 숨어 있다가 숙소를 정하러 내려오는 것처럼 군데군데 무리지어 온다. 버스가 한 모퉁이를 돌 때마다 안개의 보랏빛이 짙어지고 그것은 들녘 마을에서 피어오르는 연기와 신비한 조화를 이룬다. 나는 무엇이라고 설명할 수 없는 그리움으로 그 연기를 바라보곤 한다.

저녁밥 짓는 연기. 석유나 연탄이나 개스가 아니라, 솔가지, 짚, 장작을 때는 향기로운 식물성 연기. 사실이야 어떻든 나는 그렇게 단정해 버린다. 저맘때쯤 사립문 밖에는 어머니가 행주치마에 손을 닦으며 아이들의 이름을 부를 것이다.

'삼식아—아, 밥 먹어라— 아 ——'

'효순아, 그만 놀고 들어 오니라아 —'

흙투성이가 되어 놀던 아이들은 놀이를 팽개치고 제각기 자기 어머니의 목소리를 찾아 흩어져 갈 것이다.

논두렁과 밭고랑에 엎드려 있던 사람들도 하나씩 집으로 돌아가는 모습이 보인다. 집으로 돌아가는 사람을 보는 것은 집에서 나가는 사람을 보는 것보다 마음이 편하다. 둥지를 떠나는 새를 보는 것보다 둥지로 돌아오는 새를 보는 것이 우리의 마음을 더 숙연하게 가라앉혀 주듯이.

〈생활〉이란 것은 끝없이 '집'으로 돌아가는 연습이며, 이것이 이루는 리듬이 아닐까.

집으로 돌아간 사람들은 돌아가서 저마다 불을 밝혔나 보다. 평화와 사랑, 안식의 등불을 켜고 그들은 이마를 마주 대고 둘러앉았나 보다. 고속도로의 여기저기 하나씩 불이 켜지기 시작하더니 들녘 마을의 집들에도 불빛이 애수를 띠고 반짝거린다. 그것은 조금씩 색도와 광도가 다르다.

나는 문득 '가족이란 한 개의 불빛을 중심으로 모인 사람들이야' 생각한다. 밥 짓는 주부, 공부하는 애들, 돋보기를 쓴 노모와 이제 막 귀가한 가장이 있는 가정. 그들을 결합시키는 것은 불이다.

내가 타고 가는 버스도 겉으로 보기에는 어둠 속으로 빨려 들어가듯 질주하지만 종래는 빛을 환하게 밝힌 터미널에 승객들을 풀어놓겠지. 그리고 승객들은 다시 등불을 밝힌 집으로 흩어져 가겠지.

강남 터미널에 내리면 고층 아파트의 불빛이 꽃밭처럼 찬란하다. 그것은 한강에 떨어져 천 조각 만 조각 부서지면서 진저리치는 절정을 이야기하는 것 같다.

다리를 건너고 수많은 정류장을 지나 나도 내 집 대문 앞에 설 것이다. 나를 아직 기다리고 있는 환한 창문을 바라보면서 나는 떨리는 손가락으로 초인종을 누를 것이다.

회색의 미학

내게 색깔이 있다면 회색이기를 바란다.

흐린 날 하늘빛 같은, 바람 부는 날 바닷가의 물보라 같은, 얼핏 보아서 을씨년스럽고 우울한 빛. 회한과도 같고 슬픔과도 같은 그런 색깔.

회색은 흰색에서 검은색으로 잦아드는 길목에서 초조하지 않게 쉬어가는 색이다.

앞장서서 서두르는 화려한 색이 아니고, 남보다 활발하여 눈길을 끄는 강렬한 색도 아니며, 보는 이의 정신을 호릴 만큼 매력을 가진 색도 아니다. 회색은 주연 배우가 아닌 조연이다. 장미가 아니라 장미를 애초의 장미보다 더 확실하게 보이도록 추켜세우고 보호하는 안개꽃 같은 색이다.

회색은 겸손한 색이다. 여타의 다른 색을 포용하고 용납하여

진정시킨다. 지나치게 어둡거나 밝을 때 거기에 회색을 참여시킴으로 그럴싸하게 해결되는 경우가 적지 않다.

회색은 그만큼 주변을 이해하면서 우호적 타협을 모색하는 색이다. 타협은 결국 조화를 불러오고 조화로움은 분란과 불균형을 진압하게 될 것이다.

치솟아 오르던 자존심에 상처를 입을 때면 가만히 앉아 회색을 본다. 나는 그동안 나보다 잘나고 똑똑한 사람들 사이에서 열등감을 감추려고 자존의 방패를 높이 세우고 있었던 것이다. 나를 지탱하게 하는 것은 자존심인데, 그것까지 포기한다면 내가 그냥 해체되고 말 것 같아서 나는 늘 아슬아슬한 줄타기 광대와도 같이 위험하게 살았다.

그러나 때때로, 아니 너무나 자주자주 나는 나를 해체하지 않으면 안 된다. 그럴 때도 나는 회색을 본다. 회색의 창밖, 회색의 연기, 회색빛 바람과 물줄기를 본다. 눈에 익숙한 일상, 평온한 실내를 본다.

선홍빛 산열매와 오렌지색 석양과 장대한 산림의 검푸름은 모두 회색을 배경으로 회색의 보호 속에 안겨 있다. 그들은 회색 속에 싸여 숨 쉬고 있었던 것이다. 말하자면 회색은 모든 경이와 황홀한 정감의 꼭짓점에 있다. 회색은 감동과 쾌락의 바탕색이며, 든든한 모성의 반석이다.

회색은 평범한 일상이다. 그래서 무미건조하고 무심하게 보이기도 한다. 그러나 모든 사물의 색체 중에서 회색을 제거해

버린다면 우리의 시각은 지치고 시달려서 상하고 말 것이다. 회색이 없다면 색깔이 색깔끼리 충돌하여 혼란을 일으키고 말 것이기 때문이다.

회색은 충돌하지 않게 하는 윤활제이다. 회색은 체험이 많고 지혜로워서 인내할 줄을 안다. 일곱 가지 무지갯빛을 무지갯빛이 되게 하는 색. 투명하다는 말 속에는 회색빛이란 말이 포함되어 있다. 잠자리 날개 속 같은.

회색은 가끔 〈회색분자〉라는 말로 좋지 않은 이미지를 내뿜기도 한다. 사상의 편중을 내색하지 않고 어느 편에든 분명히 거수하지 않을 때 질타의 대명사로 〈회색분자〉라는 말을 쓴다. 그러나 그것은 회색에 대한 이해 부족, 건성으로 훑어 본 피상적 감각이며 편의상의 판단이다.

회색은 흰색으로 풀풀 날리지 않고 검은색으로 칙칙하게 고집부리지 않으며 진지한 중량감으로 쉽사리 동요하지 않는다. 탄력 있고 융통성 있는 제 3의 색으로 엄연히 자기 영토를 확보하고 있다.

누가 감히 회색을 우유부단하다 하는가, 누가 감히 회색이 변절과 불안의 가능성을 가졌다고 의심하는가. 누가 감히 회색을, 이것도 저것도 될 수 없어 서성거리는 일시적 중립의 믿지 못할 기회주의자처럼 한데 몰아 척결해 버리려고 하는가.

회색은 오히려 무거운 색이다.

나는 내가 결코 회색 같은 인물이 되지 못할 것을 잘 안다.

나는 진중하지 않아서 기다리지 못하며 참아내고 감싸지도 못한다. 남과 나를 다 폭로하여 백일하에 드러내고, 습윤을 모두 증발시켜 갈색으로 마르든지, 성급히 검은 빛으로 먹칠하고 구천에 돌아앉을 것이다. 흰빛으로 내어 주고 일찍 포기하거나, 붉은 빛으로 생명까지 토해 내려 하든지, 나는 아무튼 회색으로 점잖게 남아 있지는 못할 것이다.

지금 내게 긴급한 일은 회색이 되도록 수양하는 일이다.

문 닫히는 소리

"안녕히 계세요."

"안녕히 가세요."

우리는 아파트 현관에서 인사를 나누었습니다. 주인인 그는 현관의 마루에 서고 객인 나는 현관의 바닥에 서서 아까 거실에서 했던 인사를 다시 반복하였습니다.

그러고 나서 나는 현관문을 열고 밖으로 나왔습니다. 엘리베이터를 타기 위하여 두 걸음쯤 걸어갔습니다.

그때 내 등 뒤에서 문이 닫혔습니다.

"꽝!"

문 닫히는 소리가 내 뒤통수를 때리는 망치의 굉음처럼 울렸습니다. "절커덕!" 문을 안으로 다시 걸어 잠그는 소리도 들렸습니다. 그 소리들은 단절의, 거부의, 등을 밀어 쫓아내는 배척의 소리처럼 거셌습니다.

그러나 맹세코 말하지만 우리들 두 사람 사이에는 단절이나 거부, 배척이라는 말이 당치 않습니다.

바로 조금 전까지도 우리들은 좋아하는 음악과 감명 깊었던 영화에 대하여 의견을 나누었습니다. 어린 시절의 꿈과 보잘것없는 지금의 처지에 대해서도 피차 웃으며 인정하였습니다. 아름다운 우정, 세월의 무상함, 같은 아파트에 살면서 수시로 내왕할 수 있는 우리들의 특별한 관계, 그리고 우리들이 기르는 어린것들의 새로 생긴 버릇에 이르기까지 대수롭지 않고 평범하여서 오히려 싱거운 얘기를 흥분할 필요도 없이 주고받았습니다.

우리는 공동의 광장에서 수많은 합일점을 발견하고 확인하면서 기뻐하였을 뿐 눈곱만한 애로도 마찰도 없었던 것입니다.

다만 문 닫히는 소리가 컸을 뿐인데 내가 공연히 놀랐나 봅니다.

아파트의 문은 단단한 쇠붙이로 만들어졌으니까, 아파트의 현관문은 현관문인 동시에 대문이니까, 그 문 하나로 내실과 외계를 경계 짓기 때문에 허술히 취급할 수 없으니까, 완전히 닫고 철저히 단속하려다가 그렇게 되었나 봅니다.

그러나 나는 좀 섭섭하다는 생각을 떨쳐 버릴 수가 없었습니다. 엘리베이터가 설 때까지 나는 잠시 눈을 감았습니다. '조금 전 쾌적한 거실에서 내가 느꼈던 우리 관계의 윤습함은 한낱

닦고 빛낸 공식적인 매너, 교양의 거래였을까?', '내용은 보따리에 싸서 손이 닿지 않는 높은 시렁 위에 얹어두고 공연한 외곽만을 맴돌았단 말인가?'

나는 갑자기 외로워져서 몸을 깊이 웅크렸습니다. 절해의 고도와 같은 엘리베이터에서 풀려나서 나는 내가 견디지 않으면 안 될 시련의 사막을 건너듯 광장을 가로질렀습니다.

– 그 사람이 완전히 돌아갈 때까지 문을 잠그지 말아야지. 가던 사람이 혹 되돌아 올 수도 있으니까. 그가 사라지는 발자국 소리가 끝날 때까지 거기 서 있어야지. 내가 먼저 배반하지 말아야지. 돌아서지 말아야지.–

나는 중얼거렸습니다.

집에 돌아와 여기저기서 걸려오는 많은 전화를 받으면서 나는 절대로 내가 먼저 수화기를 놓지 않으리라 마음 먹었습니다. 먼저 뒤돌아서지 않겠다는 마음으로, 문을 성급하게 잠가 섭섭하게 하지 않겠다는 결심으로 나는 그렇게 하였습니다.

아파트의 그 친구는 나를 가르치려고 그렇게 하였나 봅니다.

바다가 있는 그림

어렸을 적에 바다 그림을 많이 그렸다.

바다에는 으레 돛단 배 두어 척이 떠 있었다. 하나는 머얼리 가물가물하게, 하나는 가까이 뚜렷하게 나타냄으로써 내가 원근법에 대해 잘 알고 있다는 것을 설명하려고 하였다.

돛의 빛깔은 오렌지색이었다. 조금도 낡거나 바래지 않은 새 돛의 산뜻한 오렌지 색깔은, 바다의 푸르름과 어울려서 화폭을 그지없이 밝고 화려하게 장식했다.

수평선 한쪽에는 먼 섬이 하나, 둘, 셋 겹치듯 포개어져서 곡선을 그리며 바다 속으로 미끄러지고, 그중에서 제일 크고 가까운 섬 기슭에는 조는 듯 엎드린 초가집이 몇 채.

해는 마악 중천에 뜨고 흰 구름 조각과 갈매기 세 마리를 그려 넣는 것도 잊지 않았다.

사공은 뱃전에 기대어서 낮잠이 들었을까, 콧노래를 흥얼거리고 있을까, 아무런 근심 걱정이 없어 보였다.

나는 3학년이 되어도 5학년이 되어도 계속 똑같은 바다를 그렸다. 아니, 바다를 그렸다고 하는 것은 적절하지 않다. 바다를 향해 떠나는 배를 그렸다고 해야 옳을 것이다.

먼 바다로 떠나기에는 너무나 허술했던 나의 돛단배들. 그러나 항해는 줄곧 순조로웠고 앞으로도 풍랑이나 난파를 예상할 수 없을 만큼 평온한 상태에 있었다.

그 배를 타고 가고 싶던 곳은 어디였을까? 그것은 전설의 무인도를 발견하려는 모험의 항해도 아니었고, 산호 보석이 숨어 있는 해저를 탐색하려는 욕망의 출범도 아니었다. 나의 배는 만선을 바라 떠나는 고깃배 또한 아니었다.

목적은 단순히 어디론가 떠나는 것이었다. 거기는 더할 나위 없이 아름다울 것이라는 환상이 있었다. 나는 되도록 먼 곳으로 가고 싶었다. 멀리 가면 갈수록 더 신비한 동화의 나라가 있으리라고 생각했다. 흙 묻은 신발을 벗어 던지고 전능의 날개옷으로 갈아입을 수 있는, 시간이 정지된 찬란한 나라가 있으리라 믿었다.

그럭저럭 열아홉 살이 되고 그해 여름 친구가 죽었다.

친구의 뼛가루가 바다에 뿌려지는 것을 나는 보았다. 흰옷 입은 그의 늙은 어머니가 오열하는 모습을 보았고 꾸룩꾸룩 뼛가루를 흔적 없이 핥아버리는 무심한 바닷물을 보았으며 갯벌에 가득히 내려와 쉬는 물새들을 보았다.

열아홉 살에 다시 발견한 바다는 유년의 도화지에 문질렀던 맑은 남색의 투명한 바다가 아니었다. 그것은 형편없이 더러운 흙탕물이었다. 지푸라기와 판자쪽과 휘발유 냄새가 바다 위에 걸레처럼 떠 있었다.

나는 오래오래 짜고 비린 냄새로 찌들어 있는 선창에 서서 그 적나라한 바다의 치부를 응시하였다. 마치 감추고 숨겨 두었던 내 부끄러운 모습을 보는 듯한 슬픔과 연민을 가지고서.

눈물이 왈칵 쏟아졌다. 나는 한참을 거기 서서 울었다. 울음이 멎으려고 하면 다시 슬픈 생각을 하고 멎으려고 하면 다시 또 슬픈 생각을 하면서 실컷 울었다.

첫사랑의 상처를 이기지 못해 스스로 세상을 하직한 내 친구, 총명으로 반짝이던 친구의 눈, 까르르 까르르 청랑하던 그의 웃음, 잡으면 언제나 땀으로 촉촉히 젖어 있던 손.

나는 친구를 생각하면서 바다가 앞으로 나를 더욱 구속하리라 예감했다.

나의 바다, 내 친구의 바다. 나는 그날 이후 바다와 나를 더욱 질긴 인연의 끈으로 묶었다. 그리고 무한한 바다의 가능성과 다양한 모습에 침잠하였다.

나는 온갖 바다를 다 수용할 수 있는 몇 종류의 렌즈를 구비하였다. 그 렌즈가 바다의 덕성과 변덕, 바다가 가진 섬세한 감각의 촉수를 분별하게 해 주기를 바라면서.

갯물로 질컥거리는 좁은 어촌의 골목들, 굴 껍데기가 함부로 흩어진 가난한 갯마을, 어망을 손질하는 늙은 어부의 그을린 손등, 그리고 해초 냄새.

선착장이 있고 정박한 배들이 있는 항구, 생선을 말려 저장하는 우중충한 창고와 엉겨 붙은 쇠파리 떼와 뿌우뿌우 울먹이는 뱃고동 소리, 망망대해의 돌고래와 난파선, 헬리콥터와 구명대, 아득한 절망과 불가사의한 구원, 초월적인 인간의 의지.

그리고 도화지에 그리던 그대로의 수평선, 갈매기, 돛단배, 뱃노래, 들고 나는 조수와 모래톱, 등대지기, 내 의식의 안창에 서식하는 이들 각양의 바다들은 그 어느 것도 나를 설레게 하지 않는 것이 없다.

나는 바다가 내 일부라고 생각하는 버릇이 있다. 그래서 오랜 세월 길들여진 내 잠재의식은 끊임없이 바다쪽으로 화친의 눈길을 보낼 창문을 열어둔다.

단순한 꿈이요 그리움이던 바다. 삶의 도전장이요, 두 눈을 부릅뜨고 살아내야 하는 현실인 바다. 바다는 앞으로도 수많은 의문과 경탄 속에 변화하면서 나를 성숙시킬 것이다.

수시로 나를 허물어뜨릴 것이며 다시 부활하게 할 것이다. 그리고 나는 줄곧 그 바다에 순종할 것이다.

오래된 것들

1. 오래된 도시

고색이 창연한 옛도읍지에 가면 마음이 경건해진다.

지금은 벌써 세상을 떠났지만 늦게라도 찾아와서 고개를 숙이고, 위대하고 고결한 누군가 그 사람을 위해서 명복을 빌고 싶은 숙연함 같은 것.

모르는 어른이 깔아놓은 비단 카펫 위를, 내놓을 아무런 공적도 없으면서 철없이 밟고 갈 때 느낄 법한 조심스러움 같은 것이 생긴다. 작년 가을 프라하에 갔을 때도 그랬었다.

체코 사람들이 그들의 자존심을 걸어 내건 표어는 〈오래된 도시 프라하〉라는 것이었다.

무조건 '새것' 임을 내세우고 '신품' 이라고 강조하여서 가치를 인정받고 싶어 하는 우리들의 습성과는 매우 대조적이었다.

나는 오래된 도시 프라하의 포석이 깔린 거리를 지나면서, 지금 내가 걷고 있는 이 번잡한 거리를 이미 500년 전 1000년 전에 걸었던 사람들이 있었다는 것, 그들이 오늘을 사는 우리보다 훨씬 사려 깊은 사람들이었다는 사실을 인정하면서 깊이 머리를 숙였다.

나는 49년이라는 긴 시간을 들여서, 1390경에 완성했다는 견고한 촬스다리를 건너면서 '오래된 것은 자랑스러운 것, 역사가 있는 것은 가치가 있는 것' 이라고 속으로 중얼거렸다.

증조할아버지 적부터인가 고조할아버지 적부터 살아온 오래된 집에 지금도 살고 있다는 말을 듣고 나는 그 동료를 무조건 존경했던 적이 있다.

그런 집은 예사로운 집이 아니다.

그런 집에 사는 가족들은 보통 사람이 아니다. 그렇게 하자고 가르치고 주장한 어른이 거기 있고, 그 가르침을 순종으로 받아들인 손아랫사람이 있는 가정. 그 가정은 그러하다는 사실만으로도 이미 훌륭하다.

마당 한 편에 있는 장독대에는 어림으로 세어도 백 개는 넘을 것 같은 항아리와 독과 단지들이 있는 집.

큰 것부터 작은 것으로 도열해 있는 장독대를 바라보면 엄청난 세월의 중압감에 사로잡히곤 한다.

그런 집에는 대를 물려 전해 주고 싶은 살림살이의 내력이 있을 것이며, 영광스럽게 전해 받고 싶은 유서 깊은 음식 솜씨가 있을 것 같다.

벽마다 스며 있는 선조들의 위엄 있는 기침 소리, 서까래와 대들보에 묻어 있는 자애로운 음성과 따뜻한 가르침의 흔적, 그것들은 마치 뼈대 있는 가문의 훈장처럼 빛을 낼 것이다.

동네 어귀에 늙은 정자나무가 서 있는 마을, 거기에 옛날얘기를 많이 아는 노인들이 있다면 그 마을은 지혜와 덕망으로 그득할 것이다. 위와 아래의 질서가 있고 전후좌우의 확실한 관계가 있는 마을.

그 마을은 존경받는 어른의 허옇게 날리는 백발로 아름다울 것이다. 그는 속아 본 경험은 있어도 한 평생 남을 속여 본 기억은 없을 것이다.

그는 어린애처럼 순진하여서 세상 물정에 어둡고 답답할 때도 있지만 곧은 시선이 가을날의 창공처럼 투명하고 그윽할 것이다.

옛날 우리 어머니의 반짇고리 안에 들었던 색색 헝겊들은 어리던 나를 고운 꿈에 잠길 수 있게 하였다.

나는 그 헝겊으로 각시 옷을 만들고 조각보를 만들었다. 내가 지금도 이것저것 간수하기를 좋아하는 것은 옛날의 그 버릇을 버리지 못했기 때문인 것 같다.

빛이 바래어 누렇게 된 사진. 그 사진 속에는 오늘날의 유행과는 너무나도 동떨어진 옷차림을 한 오래된 얼굴들이 있어서 지나간 관계들이 되살아나곤 한다. 옛날의 사진을 보면 마음이 편안해 진다.

'그래, 그때는 그랬어'

이미 과거분사가 된 말들. 그런 말투에는 대립도 없고 싸움도 없다. 현재는 언제나 숨이 막히는 질주다. 자주자주 옛날을 회복하고 싶다. 옛날을 회복하여 그 추억 속에서 쉬고 싶다.

'오래된 것은 자랑스러운 것, 역사가 있는 것은 가치가 있는 것' 아까부터 나는 계속해서 중얼거리고 있다.

2. 오래된 친구

오래된 친구는 늘 신던 신발처럼 편하다.

그는 있는 듯 없는 듯 그림자처럼 내 옆에 있다.

나는 오래된 친구의 음성을 알고, 아무렇게나 내둘러 쓴 글씨를 읽을 수 있으며, 여러 사람의 발자욱 소리 가운데 그의 것을 구별할 수 있다.

나는 내 친구가 좋아하는 노래 제목과 꽃 이름과 그 유래에 대해서 알고 있으며, 그가 선택할 만한 소지품의 스타일과 색깔, 좋아하는 이성의 프로필에 대해서도 알고 있다.

내가 친구 앞에서 갑자기 마음이 동하여 별 깊은 생각도 없이 이상한 짓을 했을 때도, 친구는 놀라지 않고 나를 위로할 것이다. '왜 그러느냐, 미쳤느냐' 고 화를 내지 않음은 물론 이유를 따지지도 않을 것이다.

그가 나보다도 먼저 알고 나보다도 먼저 느끼며 나보다 먼저 이해하기 때문이다.

우리는 오래 되어서 서로의 버릇을 안다. 그가 지금 후회하고 있는지, 염치없고 쑥스러워서 내게 소식을 전하지 못하는지 어떤지 말하지 않아도 우리는 서로 이해할 수 있다. 내가 그보다도 먼저 알고 그보다도 먼저 느끼며 그보다 먼저 이해하기 때문일 것이다.

그러나 그렇다고 해도 그의 앞에서 내가 아무 짓이나 할 수 있는 것은 아니다. 나는 어느 누구 앞에서보다도 내 오랜 친구 앞에서만은 의젓해지고 싶다. 우리 사이에 우정이 소중하듯이 우리 사이의 신뢰와 예절 또한 소중한 것이니까. 우리 사이의 세월과 추억이 아름답듯이 우리 사이로 다가오는 내일과 약속이 소중한 것이니까.

나는 내 친구에게 나를 바닥까지 들키지 않으려고 내 속으로는 무진 힘을 쓰는 편이다.

오래된 친구가 있지만 나는 또 날마다 새로운 사람을 만나지 않을 수가 없다. 새로 만나는 사람들 중에는 놀랄 만한 향기를 지닌 사람도 있다.

새 친구의 그 향기도 하루 이틀에 고인 것은 아닐 것이다. 반생을 넘게 살아오는 동안 키가 자라고 뼈가 굵어지듯이, 인격으로 정착된 향기겠거니 나는 생각한다.

나는 오래된 친구를 사랑하듯이, 새로운 친구와의 만남과 그 친구에게서 풍기는 향내에 혹하곤 한다. 내게도 그런 향기가 있을까를 의심하면서 나는 그에게 끌리듯 다가간다.

"우리가 지금 새로 사귀어도 친해질 수 있을까요?" 나는 묻는다.

"그럼요. 우리가 지금 만났다는 그것으로 우리는 이미 그렇게 된 것입니다. 아직 만나지 못한 사람도 많이 있으니까요." 그가 대답한다.

"우리가 어쩌다가 만났을까요?" 나는 어리석은 질문임을 깨닫고 이내 후회하지만

"이것도 작은 운명이라고 생각하고 싶어요." 그는 조용히 말한다.

'운명' 친구의 조용한 음성에 실린 운명이라는 말에 내 가슴은 뛴다.

그러나 새로 만난 친구의 향내에 도취해서, 이미 내 육신처럼 익숙해져 버린 오래된 친구에게 무심해진다는 것은 슬픈 일이다. 오래된 친구에게서는 향내를 맡을 수가 없는 것이 보통이지만 그것은 향내가 없기 때문이 아니라, 내가 이미 오래 전에 그 향내에 동화되었기 때문이다. 거기 길이 들어서 내 것인지 그의 것인지 구별할 수 없게 되었기 때문이다.

오래된 친구의 우정처럼 믿음직스러운 것은 없다. 우리들이 마주 앉아 오래되어 향기로운 술을 마시는 저녁은 아무런 말도

없이 시간이 흐를지라도 참으로 호화로운 밤이 깊을 것이다.

눈만 마주쳐도 감정이 통하고 걸음걸이만 보아도 진심을 읽을 수 있는, 오래 사귄 친구를 몇 사람 가지고 있다면 세상의 어떤 보배를 가진 것보다 부유할 것이다.

3. 오래된 시계

새로운 것에는 분명히 사람의 마음을 끄는 힘이 있다.

새로운 것은 새로운 것이므로 익숙하지 않은 신선함이 있고, 알 수 없는 것에 대한 기대와 희망과 설렘이 있다.

새로운 세상, 새로운 사람, 새로운 법과 새로운 제도와 새로운 출발. 새해, 새댁, 새옷, 새집.

'새것' 이라는 의미가 붙은 말치고 어느 것 하나 산뜻하지 않은 것이 없다.

우리는 오래된 물건을 고물이라고 하고, 세상을 살아온 지 오래된 사람을 늙은이라고 한다. 고물이나 늙은이는 낡았다는 점에서 공통성을 가진다.

그러나 우리는 오래된 풍습이나 제도를 전통이라 하고 지나간 묵은 시간들을 묶어서 역사라고 하면서, 과거의 기억을 거슬러 생각하는 것을 추억이라고 부른다.

또 오래 사귄 사람 사이의 묵은 관계를 '깊은 관계' 라 하여 소홀히 여기지 않으며, 술과 친구는 오랠수록 좋다는 말을 금

언처럼 신뢰하기도 한다.

똑같은 일을 오래 반복하면 이를 일러 경험을 쌓는다고 하고, 처음으로 새로 시작하여서 익숙하지 못한 것을 서툴다고 하여 꺼린다.

물건도 사람도 제도도 시간이 오래 흐른 다음에는 낡고 때가 묻을 수밖에 없지만, 그 낡음이나 때 묻음이 오히려 새것의 광채와 윤기를 능가한다고 우리는 속으로 믿고 있는가 보다. 우리는 은연 중에 오래된 것의 아름다움을 인정하고 있기는 한가 보다.

지금도 거기 그대로 있는지 모르겠지만, 동교동에서 신촌 쪽으로 가다보면 〈오래된 시계〉라는 음식집이 있었다. 나는 일도 없이 버스에서 내려 그 집의 내부를 둘러보고 나온 적도 있다. 물론 〈오래된 시계〉라는 이름이 좋아서 그런 것이다.

그 아버지는 할아버지에게서, 할아버지는 할아버지의 아버지에게서 물려받았을 오래된 시계. 그 가치를 지금 손자가 잘 알고 있나 보다. 알고 있지 않으면 어찌 저렇게 네 거리 복판에 깃발처럼 〈오래된 시계〉라는 이름을 내걸 수가 있겠는가.

나는 그 이름을 읽으면서 이런 생각을 했다.

언제라도 오래된 친구를 다시 만나면 저 집에 가리라. 생각이 깊은 이름을 가진 저 집에서 우아하게 점심을 먹고 차를 마시면서 우리의 화제를 더 아름답게 가꾸리라. 오랜 시간이 흐른 지금 우리들은 옛날보다 얼마나 변해 있을까. 나는 늘 오래된 친구를 만날 날을 별렀었다. 그러나 그런 날이 지금까지 오지 않았다. 왔는데도 혹시 내가 모르고 놓쳐버렸을까?

나는 늘 시간에 쫓기는 셈이다. 한가하게 앉아서 '오래된 시계'의 추가 '디이잉 디이잉' 우는 소리를 듣지 못하게 잡다한 일들이 나를 억류한다. 나는 도대체 왜 바쁜가? 무슨 잘난 일을 뻔질나게 하느라고 그러는가? 나는 내가 싫어질 때가 있다.

몇 해 전까지도 그 근처에 갈 일이 있으면 차창 밖으로 목을 빼고서 그 집의 간판을 읽었다.

'아, 〈오래된 시계〉가 아직 있구나' 나는 마음이 편안해 지곤 했다.

그 집은 지금도 거기에 있을까. 오래 서울에 가지 않았다. 가더라도 그 근처에 볼 일이 별로 없어서 확인할 수 없었다.

〈오래된 시계〉가 아직 거기 있었으면 좋겠다.

우체국이 있는 풍경

동네에 새 우체국이 들어서던 날, 나는 좀 들떠 있었다.

우리 동네는 신도심지역이어서 일주일이 멀다하고 풍경이 바뀐다. 봄에는 시청이 이사해 왔고 그보다 앞서 방송국이 옮겨왔었다.

방송국이 옮겨왔을 때도 시청이 이사하는 날도 나는 무덤덤했는데 우체국은 좀 달랐다.

우체국 앞을 지날 때는 다른 관청들, 예를 들면 세무서나 경찰서, 시청, 중앙청 같은 곳을 지날 때와 전혀 다른 감정에 잠기게 된다.

관청이라니? 우체국을 관청이라고 불러도 될까. 우리가 보통 관청이라고 할 때는 공공기관을 이른다. 우체국이 공공기관임에는 틀림없지만 '우체국'을 '관청'이라 하기에는 어딘가 맞지 않는 구석이 있는 것 같다.

관청은 오라 가라 명령을 하고, 공문서 한 장을 떼러 가도 죄지은 것처럼 사람을 주눅 들게 한다. 관청이면 나는 숲속에 있는 비둘기집이라 해도 가고 싶지가 않다.

〈시인과 교수가 관청에 간 이야기〉라는 수필이 생각난다. 내용은 다 잊어버렸지만 그 제목만은 인상적인 문구로 머릿속에 각인되어 있다. 아마 시인과 교수가 관청에 가서 바보처럼 굴다가 푸대접을 받은 내용이었을 거다.

관청에서 쓰는 말들은 사람들을 어리둥절하게 하니까, 지식이 있건 없건 어리석은 짓을 저지르기 십상이다. 그러나 우체국은 예외다.

멀리 있는 사람의 소식을 묻고, 보내고 싶은 물건을 내 대신 전하는 곳. 우체국은 정을 표현하고 걱정을 나누는 곳이다. 우체국에서 나올 때면 사랑을 고백한 사람처럼 마음이 화창하다. 그리고 근심을 덜고 위로를 받은 사람처럼 발걸음이 가볍다.

편지를 쓰고 봉함을 할 때, 그 사람의 주소와 이름을 쓸 때, 우표를 붙일 때, 나는 아주 소중하게 정성을 바쳐서 한다.

나는 편지를 참 많이 썼다.

얼굴을 마주보면 어색해지는 말도 편지로 하면 부드럽게 더듬거리지 않고 할 수 있다. 편지로 쓰는 말은 즉흥적이거나 거칠거나 가벼운 말이 아니다. 그것은 다듬어진 말이다.

나는 편지로 사랑을 전했다. 그러나 이별을 선언하기도 했으며, 친구들에게 근황을 알리고 고뇌를 털어놓기도 했다.

그러나 밤새도록 썼다 구기고 다시 쓴 편지가 이튿날 새벽이면, 무위와 허망 외에 아무것도 아닐 때도 있었다. 그런 날도 내 가슴은 마치 편지를 부친 것처럼 가득 차곤 했다.

우체부는 날마다 오후 네 시쯤 귀에 익은 자전거 방울 소리를 내면서 왔다. 나는 그의 불룩한 가방 속에서 내게로 오는 편지를 한눈에 가려낼 수 있었다.

나는 우체국을 사랑하고 우체국이 있는 풍경을 사랑한다. 우체국에 들어가면 마주치는 얼굴마다 인사를 하고 싶다. '안녕하세요? 날씨가 맑군요.', '오랜만입니다. 벌써 가을이 깊어갑니다.' 별로 용건이 급하지 않은 그런 인사들.

우체국에서 아는 사람들을 만나고 싶다. 나중에 나는 이렇게 말하겠지.

"'어제 우연히 우체국에서 만났어요."

어떤가? 이 말은 '구청에서 만났어요.', 혹은 '세관에서 만났어요.' 라는 말보다 훨씬 여유가 있고 평화롭지 않은가.

내 상상화 속에는 'POST' 라고 적힌 빨간 편지함이 나를 사철 기다리고 있다. 한적한 교외 비스듬한 언덕길에 뜰이 넓은 집, 그 집을 둘러싼 낮은 판자 울타리 옆에 그 'POST' 는 동화처럼 얹혀 있다. 우체통이 서 있는 마을은 안정감을 준다. 그 마을 사람들은 모두 친절하고 다정하며 행복할 것 같다.

요즘 젊은이들은 편지를 쓰지 않는다.

분명히 연애에 빠져 있는데도 사랑하는 사람에게 편지를 쓰지 않는다니. 전화로 불러내고 휴대전화의 문자메시지로 용건만 알리는 연애를 이해할 수가 없다. 좋게 말하면 신속하지만 이건 분명히 다급하고 불안하고 멋이 없는 모습이다.

나는 의심한다. 신속하고 다급하게 이룬 사랑이 오래 갈 수 있을까?

편지를 쓰고 조용히 답장을 기다리면서 젊음을 성숙시켰던 내 지난 날은 아름다웠다고 자부한다. 편지를 기다리는 긴 시간들은 결코 잃어버린 허망한 시간이 아니었다.

그러나 시류와 사조는 비켜갈 수 없이 거세다. 요즘 나는 매일 아침 E 메일을 점검하면서 하루를 연다. 타자로 쳐서 우표도 없이 빠르게 전송하고 또 그렇게 쉽게 답장을 받으면서 나는 중얼거린다. '아무래도 이건 정식이 아냐. 변칙이야' 라고.

나는 E 메일을 쓰면서 우체국과 우체통을 생각한다. 깨끗한 편지지와 예쁜 우표, 보낸 사람의 향기처럼 묻어 있는 잉크 자욱. E 메일의 편리함에 빠져서 이런 것들을 아주 잊어버리면 어쩌나. 아무리 빠르고 편해도 반드시 우표를 붙여 손으로 써야 하는 편지는 따로 있다.

'우리 동네엔 우체국이 많아요.'

나는 이걸 여러 번 자랑하였다. 오늘 동네 끄트머리 새로 생긴 우체국에 가서 책 한 권을 부쳤다.

"빠른 우편으로 하시겠어요?"

"아뇨, 보통으로 해주세요."

보통으로 하면 아무 영수증도 주고받지 않지만 나는 알고 있다. 확실하게 그리고 과히 늦지 않게 도착하리라는 것을.

휘파람이라도 불고 싶도록 청명한 날씨, 우체국에서 돌아오는 길. 구름다리를 건너 하교하는 한 떼의 초등학생들을 만났다. 나는 그들에게 내가 알고 있는 가장 아름다운 언어로 희망과 사랑을 표현하고 싶었다. 나는 지금 우체국에 다녀오는 길이니까.

3부

깃발이 펄럭이는 곳

동네에 새로 생긴 슈퍼마켓에서 아파트 쪽으로 만국기를 길게 늘어뜨렸다.

색색 종이 깃발이 바람에 흔들린다. 아주 세지 않게 가만가만 흔들리는 것이 보기에 좋다. 마치 축제의 날처럼 가슴이 가득 찬다.

옛날에는 가을 대운동회가 있는 날에나 만국기를 걸었었다.

가보지 못한 지구 위의 수많은 나라들의 이름. 왜 꼭 학교마다 만국기를 하늘에 가득 늘어뜨리고 운동회를 했는지 모르겠다. 세계화니 국제화니 하는 말은 요즘에야 생긴 말이지만 이미 그 씨는 옛날부터 움터왔다는 말인가?

아무튼 만국기가 화려하게 휘날리고 있으면 아이들은 여늬 날보다 더 버릇이 없어져서 시끄럽게 떠들었다. 말을 듣지 않는 아이들 하나하나가 하나하나의 깃발이라도 되는 듯이 와와 소리치며 넓은 운동장을 가로 뛰고 세로 뛰었다.

별들이 많이 그려진 미국 국기, 단 하나의 태양처럼 아무런 장식도 없이 불쑥 빨간 동그라미만 가운데 그려진 일본 국기, 파란 바탕에 빨간 십자를 그리고 다시 거기 빗금으로 X표를 크게 그린 영국 국기, 삼색의 프랑스 국기, 그리고 단풍잎이 그려진 카나다 국기.

우리들은 운동복을 입고 세계의 여러 나라를 여행하듯이 마음이 부풀어서 뛰어다녔다.

요즘도 운동회 날에는 만국기를 내다 거는지 모르겠다.

아니 요즘도 초등학교에서 봄이나 가을이면 운동회를 하는지 모르겠다.

학교 운동장에서 펄럭이는 만국기를 본 지가 언젠가.

떡이며 찐밤이며 오징어며 먹을 것이 남아돌던, 엿장수의 가위 소리가 구성지고 솜사탕 장수가 윙윙 기계를 돌리면 마음까지 부풀어 어질어질 설레던 대운동회. 이제는 그 풍경이 흘러간 시절의 흑백 필름처럼 낡아가고 있다.

언제부턴지 새로 개업한 주유소나 슈퍼마켓에서 자기 가게를 알리는 선전용으로 만국기를 내다 걸고 있다. 아마 사업이 번창하여 세계로 뻗어나가겠다는 각오를 그렇게 창공에 내다 걸어놓은 모양이다.

축제의 기분을 돋우기 위한 것이든, 상업용 선전으로 사람을 유혹하기 위한 것이든 만국기가 걸려 있는 풍경을 보고 있으면 나는 지구의 위도와 경도를 듬성듬성 밟고 여러 나라를 섭렵하는 기분이 든다. 만국기는 와와 소리를 질러서 사람을 도취하게 하고 오대양 육대주, 동서양의 세계가 넓지 않다면서 나를 부추겨 날아다니게 한다.

나는 갑자기 만국기가 휘날리는 그 아래서 세계인에게 통하는 방언을 풀어 유창하고 화려한 연설을 하고 싶다.

바깥 날씨는 추울지라도 유리창으로 들어오는 햇살이 따뜻하다. 햇살은 빨 · 주 · 노 · 초 · 파 · 남 · 보 미세한 색의 띠로 나뉘면서 눈이 시리게 꽂혀 들어온다.

만국기를 걸어놓은, 새로 개업한 슈퍼마켓에 가서 이 동네에서 제일가는 부자인 것처럼 유유히 이것저것 주문하고 싶다. 궁색하지 않게 돈을 풀어서 아주 멋지게 호기를 부리고 싶다. 그렇게 한다 해도 저 슈퍼마켓에서는 별로 큰돈이 들지 않을 것 같다.

표현은 침묵보다 아름답다

'과묵한 사람이 좋아요' 했던 것은 내 사춘기 시절의 취향이었다.

한일자로 굳게 다문 입모습에서 나는 이제 더 이상 의지나 매력 같은 것을 느끼지 않는다. 매력이라니, 어림도 없다.

나는 점차 과묵한 사람이 싫어진다. 말이 없는 사람은 우선 그 속마음을 알 수 없으니 쉽게 가까워지지 않는다. 침묵은 금이요, 웅변은 은이라고 하지만 어떤 경우의 침묵이나 모두 금이 되는 것은 아니다. 침묵은 녹이 슨 구리가 될 때도 있고 삭은 막대기가 될 때도 있다.

엘리베이터 안에서 잠시 만난 사람일지라도 표정이 있는 사람이 따뜻하다. 무표정한 얼굴은 데드마스크 같아서 인간의 훈김을 찾아볼 수가 없다. 표정을 적절히 숨기지 못하는 것을 교양이나 인격의 허술함과 연관지어 말하는 사람도 있다.

'그걸 꼭 안색에까지 나타내야 하겠어? 교양 없이……'

라고.

교양, 혹은 인격이란 그토록 충실히 포장된 것인가?

싫으면 싫다, 좋으면 좋다고 생각을 그대로 드러내는 것은 어느 모로 보나 깨끗하고 순진한 모습이다.

표정을 애매하게 지으면서 입을 다물고 있는 사람보다 명확히 자신의 언어로 나타내는 사람, 속을 내보이되 정성스럽고 부드럽게 내보이는 사람이 나는 좋다. 그것이 곧 훌륭한 인격이요 교양이라고 생각한다.

나는, '여우하고는 살 수 있어도 소하고는 못 산다' 는 말을 열 번 이해한다.

곁에서 듣기 좋으라고 가볍게 재재거리는 친구. 그러다가 지키지 못할 약속을 하기도 하고 돌아서면 까맣게 잊어버리기도 하는 친구. 기분이 여일하지 않고 변덕이 죽 끓듯 하여 도무지 믿음직스러운 데가 없을지라도 큰 배반을 음모하지 않는 여우 같은 친구가 주변에 한 사람쯤 있어도 좋다.

과묵한 사람 중에는 적중하는 진실만을 표현하려고 신중하게 말을 선택하며 망설이는 사람도 있다. 그러나 그러다가 평생에 단 몇 마디의 말도 할 수 없을는지 모른다.

진실의 주변에는, 진실을 지향하여 진실이 되려고 애쓰는 수많은 몸짓이 있다. 과녁에 명중하기까지는 수많은 오발탄이 있듯이, 미흡한 대로 표현하다 보면 결국 진실에 일치할 수도 있을 것이다.

과묵한 사람 중에는 언변이 없어서 입을 다물고 있는 사람도 있지만, 처음부터 할 말이 없다면서 입을 다물고 있는 사람도 있다.

나는 할 말이 없다고 말하는 사람들을 두려워한다. 할 말이 없다 함은 느낌이 없다는 말이며, 느낌이 없다 함은 감동이 없다는 말이기 때문이다. 감동이 없는 사람은 기계처럼 차갑고 무서운 사람일 수도 있다.

할 말이 없다면서 침묵을 지키는 사람과 함께 있으면, 나는 마치 바람이 소통되지 않는 정밀의 늪 속에 갇힌 듯하다. 그 과묵한 사람에게서 긴요한 한 마디 말을 유도해 내려면 폐쇄된 문을 두드리고 있는 것처럼 피곤하다. 말이 없는 사람과 마주 보고 있으면 굳은 땅을 파고 있는 듯 시간이 삭막하고 요원해진다.

그냥 바라보는 것보다는 미소를 짓는 것이 낫다. 미소만 짓는 것보다는 무엇이라고 한 마디 인사를 덧붙이는 것이 좋다.

좋아하는 사람 앞에서 좋아한다고 고백하는 그 얼굴의 투명하고 진실한 아름다움.

표현되지 않은 것은 없는 것과 같다고 하면 지나친 말이 될까? 있다고만 말하면서 감추고 있는 친구보다는 부풀린 만화경 같은 풍경일지라도 보여주는 친구, 나를 그의 유연함으로 감동시킬 친구를 오늘 찾아가 보고 싶다.

혼자 밥을 먹으며

혼자서 밥을 먹는다.

날은 화창하고 집안은 조용하다. 아무도 없는 식탁에서 오늘처럼 혼자 밥을 먹을 때면, 나는 고즈넉한 적막감에 싸이곤 한다.

문득 산다는 것이 아무것도 아니라는 생각, 산다는 것이 한없이 쓸쓸하고 처량하다는 생각에 잠길 때도 있다.

근래에는 점점 혼자서 밥을 먹는 날이 많아진다.

아이들은 자랐고, 가족들에게도 혼자서 처리해야 하는 자기들만의 바쁜 일들이 늘어가기 때문이겠지. 내가 혼자서 밥을 먹어야 하는 날들의 숫자에 비례하여, 그들에게도 그들의 본심과는 관계없이, 나를 제외하고 해결해야 하는, 나는 몰라도 되는 일들이 많아진 때문이겠지. '나' 나 '우리 가족' 이라는 울타리를 넘어, 훨씬 더 넓게 더 많이 여러 사람을 사랑하기 위하여, 오늘 저녁 우리는 각각 다른 장소에서 식사를 하나 보다.

하기야 나부터도 그렇다. 가족을 따돌려 놓고 밖에서 나 혼자 해야 하는 일들이 오죽이나 많던가? 그리고 혼자 나가서 다른 사람들과 어울리고 밥을 먹고 늦도록 담소해야 하는 일들도 있지 않던가?

혼자서 밥을 먹는 날이면 나는 어쩔 수 없이 철학자가 된다.

'그래, 인생이란 어차피 혼자다.'

'여럿이서 함께 밥을 먹을지라도 우리는 각자 그 밥을 혼자서 삼켜야 한다.'

나는 이와 비슷한 말을 입 속으로 중얼거리기도 한다. 나는 혼자 밥을 먹을 때 그 밥이 내 몸을 움직이게 하는 영양분이 될 뿐, 그밖에 아무 것도 아니라는 것을 갑자기 깨달으면서 이렇게 묻곤 한다.

'꼭 이것을 먹어야 하는가?'

'나는 이것을 먹고 그 힘으로 무슨 일을 하려고 이러는가?'

'산다는 것은 과연 무엇인가?'

혼자 밥을 먹을 때도 품위 있게 먹고 싶다. 혼자서 귀찮으니까 대강 물에 말아서 넘기지 말고, 내가 나를 귀빈으로 대접하고 싶다. 얌전히 좋은 그릇에 담아서 격식을 갖추어 황후처럼 먹고 싶다. 그러나 좀처럼 그렇게 되지 않는다. 그렇게 하지 못하는 대신 나는 엉뚱하게 이런 생각을 한다.

'살기 위해서 이 밥을 먹고 있는가?'

그렇다고 하더라도, 삶이 한없이 경건하고 엄숙한 것이라고 하더라도, 혼자서 밥을 먹는 일은 구차하구나. 식욕은 치사하구나.

그러나 치사하다는 생각은 위험하다. 치사하다는 생각은 건강하지 않다. 치사하다는 생각은 겸손하지 않다. 그래서 나는 이렇게 생각을 바로잡기로 한다.

'이 음식을 감사합니다. 다른 이들에게도 이런 은혜를 베푸소서.'

그렇다. 진실로 감사한 일이다. 한 때는 '밥'이 중대한 생활의 견인차였다. 그것은 목숨의 대명사였고, 현실의 복병이었다.

'밥 걱정은 없습니다'라고 하면 살기가 넉넉하다는 뜻이었다. '밥이 원수다'라고 하면 먹고 살기 위해 어쩔 수 없다는 뜻이었다. '얼굴에 밥이 붙었다'느니, '밥이 흘렀다'느니, 하여 밥의 유무로 신부감의 당락을 결정하기도 하였었다.

밥을 허술히 생각하지 말자. 열심히 먹자.

음식이란 별 것이 아니라고, 인간이 그들 육체에 스스로 투입하는 자동차의 기름과 같은 것이라고, 그렇게 생각하고 나면 세상이 삭막해 진다. 우리의 식사 시간이 자동차에 주유를 하는 시간과 하나도 다를 바 없다고 생각하고 나면, 내 몸이 갑자기 낡아가는 기계처럼 구차해 진다.

정말이지 그렇다고 생각하면 세상의 음식 종류가 필요 이상으로 많은 것은 아닌지, 음식을 위해 바치는 시간이 너무나 길고 양질의 기름을 주입하듯 양질의 음식을 섭취하기 위해 소비하는 정열과 돈이 지나치게 많은 것은 아닌지 의심스럽다.

음식을 먹는 일에 너무나 실용적인 가치와 목적을 부여하는 일이 나는 싫다. 커피는 몸에 해롭다느니, 늙은 호박이 미용에 좋다느니, 녹색 야채의 즙이 노화를 방지해 준다느니 하면서 음식을 지나치게 과학적으로 분석하고 따지는 사람들이 싫다. 장수 식품을 찾아 세상의 구석구석을 뒤지고, 음식의 맛을 즐기는 것이 아니라 약을 먹듯 그 효과를 씹는 사람들이 보기에 딱하다.

나는 보약이라는 것에 별로 매력을 느끼지 못한다. 해 주는 사람의 정성 때문에 고맙게 먹어야 되는 경우가 있기는 하다. 그러나 육체에 좋다는 그 '보약'을 지나치게 즐길 때, 정신은 반비례로 위축되고 쇠약해질 것이라고 나는 생각한다. 이건 막연한 추상이지만 아마 틀림없이 그럴 것 같다.

나는 아마도 쾌락주의자인가 보다.

먹어서 별로 유익하지 않다고 하는데도 나는 커피를 즐긴다. 녹색즙이 아무리 좋다고 해도 먹기가 싫다. 말고기가 쇠고기보다 훨씬 양분이 많을지라도, 그리고 말고기의 어떤 성분이 나를 이백 살쯤 오래 살게 해 준다 할지라도 나는 말고기 대신 쇠고기를 먹을 것이다. 지렁이가 만병통치약이 될지라도 나는 끝끝내 먹지 않겠다.

구렁이와 살모사와 신생아의 태반과 곰의 쓸개와 사슴의 생피…… 그밖에 온갖 징그러운 명약들을 나는 사양하겠다.

아, 산다는 것이 치사하다는 생각, 산다는 것이 참으로 부끄럽다는 생각. 나는 음식을 즐거움으로 먹고 싶다.

이렇게 일광이 화창한 날이면 불러내서 차를 한 잔 할 사람이 누굴까 생각해 본다.

나는 아무하고나 차를 마시지 않을 것이며, 더구나 아무하고나 밥을 먹지 않을 것이다. 같이 앉아서 차를 마시고 밥을 먹는 사람은 사랑하는 가족과 다정한 친구, 그리고 따뜻한 이웃이어야 한다.

그가 마침 정서가 풍요롭고 감각이 세련된 아름다운 사람이어서 시냇물 같은 담소를 즐길 수 있다면 우리들의 식탁은 얼마나 향기로운 웃음으로 차 있으랴?

아무리 충분한 음식을 섭취한다 해도, 그 음식은 꼭 밥이 아니면 안 된다는 생각에 요동이 없는 어머니. 우리 어머니는 평생 밥에서 해방이 되지 않는다. 내가 밤 열두시에 어머니를 뵈러 가도, '저녁 먹었니?'를 꼭 물으시고 '오다가 차 안에서 빵을 먹었어요.' 한다든지, '점심을 늦게 먹어서 밥 생각이 없어요.' 대답하면 '밥을 먹어야지 빵 가지고 되겠니?' 걱정을 하신다.

내가 어머니 곁에서 자고 새벽길을 떠나는 날이면, 어머니는 나보다 한 시간쯤 일찍 일어나신다. 내가 빈속으로 떠나지 않게 새벽밥을 준비하고 싶으신 것이다.

"밥이 보약이니라. 입맛 있을 때, 천천히 많이 먹어라."

나는 훗날에도 어머니를 추억할 때면 밥을 먼저 생각할 것이다. 평생의 상식인 밥을, 밥 외에는 모두가 군것질이고 입맛을 버리는 군입정이 되고 마는 어머니의 믿음. 쌀 씻는 소리에 박자를 맞추시고 김치를 빨갛게 담그시고 나물을 푸르게 데쳐 간이 맞게 참기름에 무치시는 어머니의 예술.

함께 밥을 먹는 일은 함께 인생을 나누는 일.

나는 저녁에 외출하여 다른 사람들과 어울려 식사를 할 때면, 집에 남아서 혼자 밥을 먹어야 하는 가족을 생각한다. 그리고 미안하다. 잠시 우리가 삶을 나눌 수 없는 미안함이 아니라, 그로 하여금 잠시라도 '인생이란 무엇인가?' '나는 이 밥을 먹고 무엇을 하려고 이렇게 열심히 먹고 있는가?'

잠시라도 그들이 그들의 소중한 생명을 나 몰래 회의하게 될까 봐, 그래서 그런다.

어깨 넓이에 대하여

고등학교 국어 교과서에 안톤 슈낙의 〈우리를 슬프게 하는 것들〉이란 산문이 실려 있었다.

그때 우리 국어 선생님은 이차대전 때 입었다는 화상으로 얼굴 한 쪽이 몹시 일그러져 있었다. 그는 원래 역사를 전공했다는데도 국어를 가르쳤다. 원리 원칙에 투철하고 해박한 분이었다.

"호강스러운 서양 사람을 슬프게 할 수 있을는지 모르지만 우리 민족을 슬프게 하기에는 부족한 내용이야. 우리는 슬픔에 단련된 민족이거든. 이따위 것을 가지고 슬퍼할 수 있는 처지라면 차라리 좋겠지."

우리가 감성을 자극하는 글에만 심취하여 철없는 일을 저지르기라도 할까봐 은근히 경계하는 눈치였다. 그러나 우리들은 선생님의 마음과는 달리 구절마다 슬펐다. 어휘와 어휘의 오묘한 연결이 일으키는 아련하고 울적한 분위기, 그것이 연출하는 감정의 반향이 슬펐다. 슬퍼도 마음이 찢어지는 것처럼 처절한 것은 아니고, 그냥 바람이 훑고 지나가는 것처럼 가슴이 조여드는 느낌, 쓸쓸하고 외롭고 안타까운 우수, 우리는 스스로 거기 잠겨 들었다.

그 중에서도 '출세한 부녀자의 좁은 어깨' 라는 구절이 특히 잊혀지지 않는다. 내가 일하는 여성으로 오랜 세월을 살아왔기 때문일까? 출세했는지 못했는지 그런 것과는 무관하게 나는 삶의 고비마다 내 어깨의 넓이를 점검하곤 하였다.

출세한 여자의 좁은 어깨가 왜 사람(남성)들을 슬프게 하는 걸까. 능력이 많아서 사회적으로 인정은 받을지라도 여자는 별 수 없이 여자일 뿐이라는 뜻일까? 그래서 오히려 불쌍해 보인다는 것인가? 안톤 슈낙의 글에서 여성을 비하하는 어조는 찾을 수가 없다. 그러나 육체적 힘의 한계를 가진, '부녀자' 를 긍휼히 여기는 시선이 있는 것만은 확실하다.

여성이 남성보다 나약하다는 것은 주로 신체적인 조건으로 판가름한다. 그리고 신체적인 조건을 제시할 때 비단 '좁은 어깨' 만 유효한 것은 아니다. 작은 키, 가늘고 작은 목소리, 섬약한 팔다리, 작은 주먹, 그리고 기력.

안톤 슈낙은 이들을 모두 '좁은 어깨' 로 규합하였고 이는 대체로 타당하다. 어깨는 책임과 의무를 짊어지고, 총칼을 둘

러메며 짐을 얹는 등 주로 노역과 수고로움을 맡는다. 어깨는 또 존재를 과시하여 상대방을 제압하기도 하고 감싸 안아서 애정을 표현하기도 한다.

그런데도 나는 왜 그렇게 내 어깨가 넓어지는 것을 싫어했는지 모르겠다. 옷을 고를 때도 유행과는 전혀 관계없이 어깨가 넓게 보이지 않을까, 거기 집착하여 골랐다. 좁은 어깨로 강자의 보호 본능을 자극하고 싶은 생각은 추호도 없지만 넓은 어깨를 흔들어서 과시하고 싶은 마음은 더구나 없었던 것이다.

초등학교 동창생 A가 어느 항구의 부두에서 이름난 '어깨'가 되어 있다는 소문을 들었을 때, 나는 크게 실망하였다. A가 겨우 주먹이나 휘둘러 억지를 부리고 눈을 부라려서 사람들을 겁먹게 하는 '어깨' 밖에 되지 못했다는 소식. 그것은 어린 시절의 내 추억을 한없이 시시하고 왜소하게 망가뜨렸다. 생각해보니 어렸을 때부터 A의 어깨에는 힘이 들어 있었다. 그는 힘이 실린 자신의 넓은 어깨에만 비중을 두고 살았을 것이 뻔하다.

힘이 들어 있는 어깨는 경계의 대상이 된다.

"어깨에 힘 빼! 건방지게!"

어깨에 힘을 주라거나 빼라는 말은 온몸에 힘을 주라 빼라는 말로 들린다. 힘을 실은 어깨는 도전과 과시의 태세니까. 그래서 이른 아침에 어깨를 만지면 재수가 없다고 화를 내기도 하나보다.

그러나 이와는 다른 어깨도 있다.

"울지 마, 괜찮아."

우는 아이에게 다가가 그의 어깨를 끌어안기도 하고, 외롭고 슬플 때 누군가가 내 어깨를 감싸주기를 바라기도 한다. 어깨를 끌어안는다는 것은 사랑하고 용서한다는 뜻이며, 위로하고 용기를 준다는 뜻이기도 하다. 어깨를 툭툭 치면서 알은 체를 하거나, 팔을 뻗어서 어깨동무를 하는 것은 어렸을 적부터 익숙한 우정의 표현 방식이었다.

어깨의 표정 하나만 잘 간수하여도 백 마디 말이 가능하겠구나 싶다. 그러나 어깨는 사람의 마음을 실어 보일 뿐이다. 어깨 홀로는 아무 것도 할 수가 없다.

요즘 결혼식장에 가보면 여자들의 키가 많이 커져서 신부의 어깨가 신랑의 어깨와 거의 나란하다. 나란한 어깨는 나란한 인권을 상징적으로 보여주는 것 같기도 하다.

일찍 퇴직한 후 어깨에 힘이 빠진 가장들의 이야기가 자주 신문에 오른다. 일자리를 잃은 가장의 처진 어깨에 감도는 쓸쓸한 바람은 출세한 부녀자의 좁은 어깨에 얹힌 안톤 슈낙의 슬픔과 묘한 화음을 이루는 것 같다.

그가 지금 다시 일어나서 '우리를 슬프게 하는 것들'이 무엇인지를 열거 한다면 출세와 어깨의 넓이, 어깨의 넓이와 부녀자를 다시 관련 짓지 않을 것 같다. 여성이 출세를 하여도 여성을 포기 하지 않을 때라야 경이롭고 아름답다는 것. 둥그스름하고 섬세한 선의 좁은 어깨로 남아 있을 때 더 당당하다는 것을 그가 먼저 알고 있을 것 아닌가.

슬픈 영화

슬픈 영화를 보고 싶다.

슬픈 사랑의 약속이 있고 슬픈 이별의 운명이 있는 영화를 보고 싶다. 그것은 우선 나를 울릴 것이며, 내가 흘린 눈물은 다시 온갖 허울의 속박과 긴장에서 나를 풀어줄 것이다.

거기에는 그 영화를 보는 관객들이 하나님이 구성한 시나리오를 원망할 만큼 애석한 죽음이 있어도 좋다. 그러나 영화의 주인공은 비록 몸은 죽었어도 영혼까지 아주 죽지는 않아야 한다.

그의 영혼은 꿈으로 예감으로 살아 있어서, 지금 땅 위에서 숨쉬는 우리들에게 수시로 다가와야 한다. 아주 따뜻하게, 그리고 아주 고결하고 신비롭게.

슬픈 영화의 아름다운 주인공은 다채로운 생명으로 우리

들의 삶에 돌아와야 한다. 그 주인공이 언제나 우리와 함께 살아가고 있다는 믿음을 주는 영화.

슬픈 영화를 보고 싶다.

안개는 축축하게 거리에 덮이고 하나 둘 가로등 불빛이 우수를 풀어내기 시작할 때, 사랑과 미움, 이별과 해후, 삶과 죽음, 영광과 고독, 그리고 우주와 역사.

이런 것들로 방황하고 번민하는 한 젊은 청년이 강물을 내려다보며 서 있는 장면, 그러한 장면이 있었으면 좋겠다.

그가 한쪽 팔에 허름한 바바리코트를 벗어 들고 있어도 좋고, 담배에 마악 불을 당기고 있어도 좋다. 라이터의 불빛에 비치는 그의 얼굴은 저녁 그늘에 얼룩져서 더 창백하게 보인다.

그는 세상 물정에 어둡고, 약삭빠르지 않는 사람임에 틀림없을 것이다. 그가 누구를 배반했으리라고는 아무도 믿지 않을 것이며, 더구나 그가 어느 누구에게 해를 끼치어 파산하게 하고 달아났으리라고는 아무도 상상하지 않을 만큼 순결한 얼굴이어야 한다.

슬픈 영화를 보고 싶다.

정직하고 가난한 사람들이 평화롭고 행복하게 살아가는 얘기, 야욕과 포부가 잠시 그들의 가치 체계를 혼란시키지만 드디어는 사랑과 신의, 우정과 낭만, 빛나는 정신의 세계로 귀환하는 그런 영화를 보고 싶다.

바보 같은 사람들이 벌이는 어리석고 아름다운 인생의 애기를 듣고 싶다. 그런 영화를 본 지가 언젠가?

화면이 작은 흑백 스크린에서, 불쌍하고 억울하게 죽어간 친구의 진혼을 위하여 나팔을 멋지게 불던 남자가 있었다. '멋지게' 라는 말은 물론 '감동적이게' 라는 말이지만 나는 그 때의 감동을 '감동적' 이라는 말로 표현하기 싫다.

마른 가랑잎이 늦가을 바람에 날리기 시작할 때, 집시풍의 치렁치렁한 치마로 거리를 쓸면서 아무런 계산도 없이 해죽해죽 웃던 여자. 목로주점의 삐거덕거리는 소리가 날 듯 낡은 의자에 넋이 나간 양 앉아 있거나 곡마단 패거리들을 따라다니며 '보잘것없는 돌에도 쓸모는 있다' 는 말로 위로를 삼던 여자. 유난히 팔자가 드세어서 그 인생이 동전 뒤집히듯 했지만 그것이 불행이라고 포기하지 않던 여자. 눈이 유난히 많이 내린 둑길에서 운명을 선택하듯 하나의 사랑을 선택해야 했을 때 둘 중 하나에게 상처를 입히는 것이 싫어서 둘을 다 버리고 끝없이 펼쳐진 흰 벌판으로 뒷모습을 보이면서 멀어지던 여자.

그들은 다 어디로 갔는지 모르겠다. 지금 그들은 이미 배우로서의 수명이 끝나가고 있어서, 다시 돌아온다 하여도 옛날에 주었던 그 떨림을 느끼게 하지는 못할 것이다.

요즘 영화는 슬프지 않다.

어쩌면 관객들이 슬픈 영화를 유치하다고 할는지 모른다. 템포가 느리고 액션이 없다고 불평하며 스케일이 작다고 비웃을는지도 모른다.

요즘 영화는 슬프지 않고 무섭다.

작은 원한 때문에 사람들을 무더기로 죽인다. 사람의 목숨이 파리 목숨보다 더 하찮게 처리되고 죽은 몸은 오물이 되어 사라진다. 백주의 가두에서 데드마스크처럼 무표정한 사람들이 음모를 하고 작당을 하고 행군을 하듯 당당하게 힘을 과시하는 영화들이 많다.

북적대는 술집과 음모의 지하 아지트가 화면에 등장하지 않는 영화는 거의 없다. 사람들은 몸을 비틀면서 괴성을 지르고 마치 혼을 끌어낼 듯이 법석을 떠는 조명들을 보고 있으면, 인간의 정신이 무너지는 소리가 여기저기서 들려오는 것 같다. 어떤 영화에서는 자신의 몸속에 장치된 기계로 마음만 먹으면 세상을 멸망하게 할 수 있는 슈퍼맨을 주인공으로 세우기도 한다. 나는 그런 영화를 보면서 인간이 만든 기계에 의해 인간 자신이 말망하는 것에 아픔과 분노를 느낀다.

이런 영화에서는 울 일이 없다.

우는 대신에 몸서리를 친다. 징그러워 소름이 돋고 공포에 시달리다가 악몽까지 꾼다. 그리고 도대체 지구는 언제까지 존속될 것인가 의심하게 된다.

울어본 지가 오래 되었다. 요즘 우리들은 슬픈 처지를 당해도 솔직하게 울지를 못한다. 우는 것이 수치라고들 생각하는 모양이다. 우는 일은 바로 지는 일이라고 생각하기 때문인가

보다. 모두 자랑스럽게 되기를 바라고 이기기를 바라므로 우는 사람은 바보처럼 보일 수도 있을 것이다.

눈물은 진주처럼 깨끗하고 아름다운, 인간 감정의 가장 순수한 표현이라고는 아무도 믿지 않는 것 같다.

슬픈 영화를 보고 싶다.

옛날에 보았던 영화, 영화관에서 나와 도시의 변두리를 한없이 무작정 혼자 걷게 하던 영화, 그런 영화를 보고 싶다.

그러나 나는 과연 옛날에 슬픈 영화를 보고 느꼈던 그 슬픔을 오늘도 느낄 수 있을까? 내 가슴은 나도 모르는 사이 경직되고 둔화되고 오염되어서 아무런 떨림도 얻을 수 없게 된 것은 아닐까? 그러면서 내 어여쁜 젊은 날의 감명을 '생각하면 그래도 그때가 좋은 때였어요' 라고 싱겁게 회상하면서 웃어넘기지나 않을는지 걱정이 된다.

그러나 나는 지금 슬픈 영화를 보고 싶다. 그런 영화를 꼭 보아야만 내가 다시 살아날 수 있을 것 같다.

훌륭한 밤이었다 사랑하는 독자 여러분

어제는 울었던 일을 오늘은 웃을 수 있고, 오늘은 가소롭게 여기는 것이 내일은 새로운 의미가 되어 다가설 수도 있다. 감동이란 대체로 믿을 것이 못된다. 감동에는 객관성도 일관성도 없으며 따라서 그것은 진리가 아니다.

예를 들면 음악에는 악곡의 속도를 제한하는 '모데라토' 니 '안단테' 니 '라아르고' 와 같은 일정한 규약이 있지만, 감동은 속도의 제한도 강약의 표시도 없이 문득 돌발적으로 예고도 없이 봇물처럼 터져 나온다.

'영혼을 울리는 한 권의 책' 이 무엇이냐고 물을 때마다, 나는 거북하다.

'무슨 꽃을 좋아하십니까?' 혹은 '좋아하는 색깔은 무엇인지요?' 와 같은 질문을 받았을 때처럼 망설여진다.

나는 어쩌면 이 대답으로 내 영혼의 깊이와 그 용적과 질량과 면역성에 이르기까지 오해를 받을 수 있을는지 모른다는 생각, 당당한 한 마디의 선고와도 같은 판결로 나동그라지듯 몰리게 될는지도 모른다는 생각.

한 권의 책, 한 권의 책.

꼭 한 남자를 택해야 했기 때문에 아름다운 뻬쩨르부르그의 강둑 위에서 변명하고 후회하며 용서를 빌면서 두 남자 사이를 바쁘게 오락가락하던 《백야》의 나스첸카처럼 나는 지금 난처하다.

도스토예프스키의 《백야》.

이것이 젊은 시절 나에게 가했던 그 심한 감동적 상처를 오늘 다시 재발시킬 수 있을 것인가? 나는 믿기지 않아서 오래 방치해 두었던 자리, 잊혀진 구석에서 문고판 크기의 작은 책을 꺼냈다. 오래된 그 햇수만큼 낡은 책이다.

눈이 내린 강둑 위에 젊은 남녀가 공허한 표정으로 서 있는 사진이 표지에 그려져 있는 책.

이 여자의 이름이 무엇이더라? 그렇지, 마리아 셸이라고 했었지. 《목로주점》, 《고엽》등에서 늘 신분이 낮고 불행하던 여자. 그가 《백야》에서도 나스첸카 역을 맡았던 모양이다.

나는 《백야》를 책으로는 읽었지만 영화는 보지 않았다. 명작이 명화가 되는 일이 거의 없다는 사실을 믿었기 때문이었을 것이다.

--첫쨋날 밤.

훌륭한 밤이었다. 사랑하는 독자 여러분, 우리가 젊었을 때에만 있을 수 있는 그러한 밤이었다.---

이 소설의 처음은 이렇게 시작된다. 나는 진실로 '우리가 젊었을 때에만 있을 수 있는 그러한 밤'에 이 책을 읽었다. 담요를 머리까지 뒤집어쓰고 울었다. 그 소설의 어떤 진실이 당시의 내 상황에 공명하여 내 육신만의 눈물이 아닌 영혼의 탄금까지를 튕겨 아프게 했던가?

--별이 총총히 아로새겨진 밝은 하늘을 쳐다보면 무심결에 다음과 같은 질문을 자기 가슴에 던져보지 않을 수 없다. 이렇게도 아름다운 하늘 아래, 온갖 성질 급한 사람들과 변덕쟁이들이 과연 살 수 있단 말인가. 이것은 역시, 사랑하는 독자 여러분, 지극히 유치한 의문이다. 그러나 하나님이 여러분 가슴에 이와 같은 질문을 자주 환기시켜 주기를 나는 바란다.--

가난한 인텔리 청년 공상가는 거짓 약속과 맹세가 자기 본위의 방향에서만 맺어지고 그리고 다시 속절없이 무너지는 세상을 본다.

소심한 공상가의 생활은 언제나 안개에 젖은 듯 침울하고 단조로웠다. 그는 뻬제르부르그의 외딴 곳, 괴상한 곳을 알고 있었으며 그 곳에 뜨는 특별한 태양을 알고 있었다. 그리고 그 태양은 그 외딴 곳을 위해 주문이라도 한 듯 독특한 빛을 띠고 있음을 알고 있었다.

공상에 사로잡힌 그의 눈으로 보는 세상은 독약을 마시고 바라보는 세상처럼 감미로운 고통과 피로와 환상과 그리고 야릇한 행복 속에 차 있었다.

늘 사랑을 동경하였다. 사랑하는 그 여자의 얼굴을 보기만 하면 그냥 알아볼 수 있을 만큼 그는 그 사랑의 형상을 사랑하였다.

어느 날 청년이 강둑길을 산책하다가 울고 있는 한 소녀를 만났을 때, 그는 운명을 만났음을 직감하였다.

귀엽고 사랑스러운 소녀, 나스첸카.

그러나 그녀는 만나기로 약속된 다른 남자를 기다리면서 울고 있는 중이었다. 날마다 강둑 위로 나와서 다른 남자를 기다리던 나스첸카와 공상가 청년은 서로 이해하고 사랑하게 된다.

'내 옷은 눈먼 할머니의 옷에 핀으로 꿰어 있어요. 나는 소리 내어 책을 읽어 드리지요.'

가장 현실적이고 행복한 감정으로 살았던 나스첸카와의 나흘째.

그러나 소녀는 기다리던 사람 곁으로 간다. 배반이 아니라고 역설하면서. '당신이 그이였다면 얼마나 좋을까요? 얼마나 좋을까요?' 라고 외치면서.

청년은 이루지 못할 사랑에 더욱 깊이 빠져서 떠나는 소녀를 위해 무한한 축복을 보낸다. 행여 나스첸카가 양심의 가책으로 하여 가슴에 씻지 못할 흉터를 만들지나 않을까? 나스첸카가 밟고 갈 행복의 꽃 계단에 청년에 대한 추억이 우울한 그림자라도 되어 엉키면 어쩌나 그는 오히려 그것을 걱정하였다.

사람이 갖는 가장 아름다운 감정, '사랑'에도 조건과 계산이 선행되는 세상. 사람들의 호의가 오히려 두렵고 친절이 불쾌해질 수도 있는 세상에 우리들은 몸을 담고 산다. 문득 부끄럽다는 생각이 든다.

도스토예프스키는 《까라마조프가의 형제》나 《죄와 벌》에서도 어둡고 우울하고 음산한 긴 복도와 지하실로 우리를 끌고 다니더니, 그러면서 잔인하리만큼 집념이 강하고 지루할 만큼 한결같은 저음의 곡조로 소름끼치는 전환의 몸살을 앓게 하더니.

그는 어디에 이토록 아름답고 델리킷한 로망스의 참 모습을 감추어 두었던가? 그의 나이 창창한 스물일곱에 쓴 작품이기 때문일까?

《백야》는 도스토예프스키의 전혀 다른 일면을 발견하는 기쁨과 놀라움을 주는 작품이다.

예술의 가치에 대한 감동은 만나는 사람의 성향에 따라 달라지는 것이어서 이것이 최고라고 고집할 수는 없다. 그러나 대체로 한 자리에 머물면 적어도 20년 쯤은 넉근히 수명을 유지할 수 있는 실팍한 것임에 틀림없다.

나를 울린 한 권의 책.

나는 이미 한 권의 책에 울 수 있는 윤택한 가슴의 대부분을 메마른 가상다반家常茶飯의 백 갈래 근심으로 침식당해 버렸다. 설령 오늘날 나를 감동시키는 책이 그 철학적 문학적 중량이나 심도에 있어서 스무 살 적 유연한 나를 울리던 그 책의 깊이를 수십 배 능가할 수 있을는지 모른다.

그러나 아름다운 그 시절 내 혼의 절실한 아우성, 그 열정과 맞서기는 아마 어려울 것이다.

그대 보소서

사랑하는 이여,

나는 날마다 당신에게 편지를 씁니다. 그것은 당신을 향하여 읊조리는 내 생명의 찬송가입니다. 그러나 그곳까지 전달되지는 않을 것입니다. 내가 전달하지 않으려고 애쓰기 때문이지요. 표출하지 않으면서도 당신이 알아주기를 나는 바랍니다.

'하나님 내가 느끼는 것을 그도 느끼게 해 주세요. 그러나 그의 마음이 나처럼 아프지는 않게 하세요.'

나는 기도합니다. 내가 느끼는 것을 당신도 느끼기 바라는 것은 야박한 타산일까요? 너무 조건적인 욕심일까요? 그럴지도 몰라요.

그래서 나는 그냥 허술한 인간일 뿐이라는 것을 절감하게 되는 것입니다.

내가 지닌 것은 인간의 사랑이며 지극히 평범한 한 여자의 사랑입니다.

나는 곧잘 사람의 얼굴에서 동식물의 얼굴을 찾아내곤 합니다.

'저 여자는 튤립 같고 저 여자는 모란 같다', '저 남자는 너구리 같고 저 남자는 호말 같다'라는 식으로 말입니다.

내가 당신에게서 찾아낸 것은 맹수나 야수가 아닙니다. 초식동물의 얼굴입니다. 당신의 모습에서는 사슴이나 기린 · 노루 · 학 같은 이름을 발견하게 됩니다. 끝없는 동경의 시선, 당신의 근간을 쥐고 있는 숙명적인 고독, 그 고독이 잔잔히 뿌리 뻗을 수 있는 평화와 안녕을 나는 사랑합니다.

당신의 청정한 목에 반짝이는 한낮의 일광을 눈물겹게 바라보며 용납과 이해와 신뢰의 뒤통수를 나는 좋아합니다.

나는 당신을 사랑하는 내 감정과 이성을 소중히 여깁니다. 그래서 나는 나를 견제하며 숙고하면서 조심스럽게 내 가슴의 파도를 거느립니다.

나는 내 사랑이 속되거나 추하지 않도록 내 영혼을 추세우며 그러함으로 내 생명이 날로 아름답게 연소하고 비상하기를 원합니다.

사랑하는 이여,

당신이 바라보는 내 시력의 범주 안에 순수의 나무가 자라고, 억만년이 가도 우리들의 관계에 권태가 싹트지 않기를, 실망이 없게 되기를 갈망합니다.

그러므로 나는 지금보다 서둘러 나아가지도 않을 것이며 되돌아가지도 않겠습니다. 당신을 향한 내 발자국은 내 생애 전 질량의 정성과 묵도로서 여기 머물러 있겠습니다. 당신이 언제고 나를 알아보고 찾아오실 수 있도록 나래짓하면서 서 있겠습니다. 유원한 시간에 떠밀려 내가 저쪽 강 언덕에 홀로 표박하게 된다 해도 나는 지난 날을 '지난 날' 이라고 가볍게 말하지 않겠습니다.

나에게는 지난 일이 없습니다. 과거와 현재와 미래가 스스럼없이 내왕하면서 공존하는 초시간적인 공간이 나에게는 있습니다. 나는 추억의 즐거운 간수이며 기다림의 명수이며, 그들의 숙명적인 친구입니다.

그러나 나는 솔직하지 못합니다. 나보다 타인을 먼저 의식하고 주저하면서 체념하고 걱정합니다. 그래서 내가 걷는 사랑의 길은 아득히 멀고 희망이 없습니다.

사랑하는 사람이여,

당신을 향한 내 사랑을 나는 당신에게 속일 것입니다. 절망 속에 나를 던져서 부서지는 어둠을 응시할 것입니다.

내가 그리는 크고 작은 그림.

어느 배경에 혹은 원경으로 혹은 근경으로 당신이 스쳐 지나가지 않은 적이 있었던가요? 당신의 숙연한 머리 숲에 무심히 날아와 앉는 검불 하나에도 나는 무거운 의미를 부여하고 떨리는 애정을 느낍니다.

그러나 담담히 지극히 의젓하게 나는 걸어갈 것입니다. 단호하게 말할 것이며 냉정하게 판단할 것입니다. 끝끝내 그 말은 하지 않겠습니다.

그대여,

우리가 죽은 다음 환생의 요요한 길거리에서 먼발치로 다시 바라볼 수 있을 때까지.

우리가 이별할 때는

사랑하는 이여, 우리가 이별할 때는 어떤 징표도 당신에게 남기지 않겠습니다.

우리의 사랑은 그 어떤 징표로 응축되거나 상징될 수 없기 때문입니다. 그리고 그 징표가 후에는 부질없는 우상으로 변신할 수 있기 때문이지요.

이별은 해후를 위한 휴식이라고 변명하지 않겠습니다. 혹은 봄을 기다리는 추운 겨울의 깊은 잠이라고 핑계대지도 않겠습니다. 이별은 거역할 수 없는 우주의 섭리, 유한한 인력으로는 도저히 막아낼 수 없는 순리라고, 체념은 아름답고 유순한 미덕, 안으로 다스리는 가장 질긴 기다림이라고 당신 귀에 속삭이지도 않겠습니다.

사랑하는 이여,

내가 떠날 때는 지나간 일을 과장하여 추억하지 않겠습니다. 높은 산 위에 올라가 아래를 내려다보듯 간추려 매듭을 짓지도 않겠습니다. 잊을 수 없다고, 잊지 못한다고 우리들의 사랑은 아름다웠으며 진실했으며 나는 행복했었노라고 듣기 좋은 말로 당신의 마음을 회유하지도 않겠습니다.

사랑하는 이여,

나는 그저 미풍처럼 지나가겠습니다. 어제처럼 오늘처럼 그렇게 가겠습니다. 아침마다 커튼을 젖히고 거울 앞에서 머리를 빗듯이, 저녁마다 빨래를 걷어들이듯이, 바람도 없는 나뭇가지에서 음악처럼 잎이 지듯이, 가만히 가겠습니다. 사랑이 나의 일상이었듯이, 이별 또한 아무렇지 않은 나의 일상입니다.

아, 우리는 얼마나 간절한 소망으로 기도를 외우며 이 무성한 이별의 숲을 건너오고 있었는지요.

우리는 둘 중 어느 편도 송사나 답사를 읽지 않을 것입니다. 내 부재중에도 당신은 외롭거나 쓸쓸하지 않을 것입니다. 나는 정말 다녀올 사람처럼 떠나갈 것입니다. 좀 늦더라도 내가 무사히 다녀올 것을 당신은 믿으면서 창공을 날던 새가 숲에 내려 눈을 붙이듯 내가 잠시 정밀을 즐기고 있다고 생각할 것이기 때문입니다.

소시민을 위한 단막극의 평화로운 히로인, 이것이 나의 이상이었습니다. 이러한 나의 꿈은 무척이나 더디어서 나를 조바심하게 하였습니다. 그러나 이 세상의 신실한 모든 것이 그렇듯이 가늘고 길고 지루하게는 이루어졌을지언정 아주 끊어지지 않았음을, 사랑하는 이여, 우리가 이별할 때 나는 그것을 당신에게 감사해야 하겠습니다.

오늘이나 지금이 아니라 어느 날 우리가 이별하게 될 때, 그것이 이별임을 당신은 모르되 나는 알 때, 아무런 수식도 치레도 없이 조용히 당신은 일상의 햇살을 쪼이고 있을 때.

4부

밀물 곁에서

밀물은 다시 돌아오는 물이다.

밀물이 돌아올 때는 여럿이 어우러져서 함께 온다. 물결은 물결과 어우러지고 이랑은 이랑과 어우러져서 거대한 군중의 합창처럼 온다.

밀물이 돌아올 때는 썰물 때에 쓸고 갔던 조개껍질이며 굴껍데기, 모래와 지푸라기와 해초 찌꺼기들도 물결 위에 싣고서 온다.

밀물은 썰물 때에 몰랐던 것을 엄청나게 많이 경험하고 환히 깨달아서 온다. 밀물은 아득히 먼 수평선을 알고 수평선 너머에 있는 신기한 나라를 새로 알게 되었을 것이다.

산호와 진주로 장식된 바다 속의 궁전과, 물고기 비린내로 얼룩진 어촌과 해안도 새로 알아 왔을 것이다.

그래서 그렇겠지만 돌아오는 것의 모습에는 떠날 때의 모습에서 느낄 수 없었던 숙성함과 의젓함이 담겨 있다.

나는 가족들이 집을 나서는 아침 시간보다 그들이 돌아오는 저녁 시간에 오히려 넘치는 의욕과 생기를 회복하곤 한다. 일터로, 학교로 향하는 가족들의 얼굴에는 시간에 맞추려는 긴장감과, 행여나 늦지 않을까 분주하게 서두르는 몸짓, 빠뜨리고 가는 것은 없는가 조바심하는 초조감이 있다.

그러나 저녁에 돌아오는 그들의 표정에는 어떻게 종결지었든 하루를 살아낸 사람의 충만감과 안도감이 있다. 그들의 잔잔한 피로 위에는 평화와 고요가 있고, 더러는 아름다운 후회와 반성도 있다.

둥지를 떠나는 새보다 둥지로 돌아오는 새의 모습에서 더 많은 삶의 지혜를 터득한다. 둥지를 떠나 먹이를 구하러 나가는 새는 생존경쟁의 일선에서 싸우는 전사와 같다. 높이 날아 탐색하고 대결하다가 혹은 잃고 혹은 얻은 현장의 새들이 저녁이면 둥지로 돌아온다.

하루의 삶이 일러 준 심오한 이치, 겸허한 마음가짐과 사려 깊은 분별력으로 그들은 돌아온다.

밀물은 다시 돌아오는 물이다.

아침에 나갔던 가족이 저녁이면 돌아오듯, 둥지를 떠났던 새가 먹이를 몰고 황혼에 귀소하듯, 밀물은 떠났던 해안으로 다시 돌아온다.

떠나는 것들은 으레 시끄러운 흥분으로 북새를 떨지만, 돌아오는 것은 얌전하게 철이 들어서 온다.

나는 밀물을 보면서 떠나는 것들은 반드시 돌아오게 된다는 진리를 깨닫게 되었다. 해도 달도 별도 바람도 순환하고 정지해 있는 것은 아무 것도 없다는 진리. 사랑의 거취도 인심의 동향도 사람의 맹세도 변하고 영원히 지속되는 것은 아무 것도 없다는 진리.

우선 당장은 눈에 보이지 않지만 그렇다고 전혀 없는 것이 아니요 다른 모습을 하고서라도 반드시 돌아온다는 진리.

옛날에 이별하였던 사람을 갑작스러운 때, 뜻하지 않았던 장소에서 해후하는 일이 종종 있다. 그럴 때면 마치 제각기 줄기를 따라 흐르던 강이 때를 만나 합류한 듯이 반갑다.

그러나 꼭 한 번 만나기를 갈망하건만 만나지지 않는 경우도 있다. '언제까지 기다려야 하는가', '기다리지 않아야 될 사람을 헛되이 기다리는 것은 아닌가?' 의심하면서.

그러나 곧 이렇게 자위해야 한다.

밀물은 때로 더디게 도착할 수도 있을 것이라고. 떠나다가 잘못해서 다른 해안을 철썩이기도 하고 썰고 밀고 다시 썰고 밀어 지친 몸으로 늦게 올 수도 있을 것이라고. 아마 그는 지금 내게 오는 길을 잃고 어디 외딴 섬바위 기슭을 배회하고 있을지도 모른다고.

첫 미팅을 하는 너에게

"엄마. 미팅해도 돼요?"

"물론 해야지."

짐을 챙겨들고 대문을 나오는 내 옆에서 네가 망설이며 속삭이듯 말했을 때, 나는 이렇게 곧바로 대답했었다.

마치 그 말을 듣게 되기를 오래오래 기다리고 있었던 것처럼 흔쾌히. 그리고 가벼운 흥분을 누르면서.

고속버스에 실려 오면서 줄곧 생각했다. 내가 벌써 대학에 입학한 딸을 가진 것에 대하여, 그 딸이 이제 첫 미팅을 하게 된 것에 대하여, 아무런 거부감 없이 내가 응수한 것에 대하여.

그러면서 내가 느낀 것은 일말의 우수랄까, 침잠하는 듯한 고요한 중량감이랄까, 멀리 떠나는 아름다운 한 척의 돛단배를 바라보는 듯 아득한 감정에 휩싸였다.

너의 모습을 한 폭의 그림으로 바라볼 수도 있겠지만 그러나 나는 결코 그림으로만 독립시킬 수 없었다. 그 돛단배의 끈이 내 가슴으로 이어져 그가 겪는 미세한 물결의 파동까지도 내게 금세 전달되는 듯 아슬아슬한 마음.

참 어리석고 어리석다. 엄마는 계속 이렇게 어리석게 굴 것이다.

사랑은 성역이라면서 우러러 가꿔온 너, 대학에만 입학하면 멋진 사랑을 하리라고 별러온 너, 그런 꿈이 공부에 시달리는 순간순간 너의 피곤을 풀어주는 충분한 활력소가 되었음을 엄마는 알고 있다.

한 번도 본 적이 없는 남학생들을 과의 선배가 주선하여 한 자리에 앉게 하고, 생각하면 어색하기 짝이 없는 분위기에서 서로를 내보여 이해하려고 하는 모임.

이런 모임이 언제부터 유행하게 되었는지, 엄마는 미팅이라는 걸 모르고 학교에 다녔기 때문에–그때도 그런 행사가 있었는지 모르겠지만–남녀 학생들이 자유롭게 모여 앉아 담론할 기회를 갖는 너희 세대가 부럽기까지 하다.

그러나 네가 꿈꾸고 기대하던 것에 비하여 그 미팅은 전혀 엉뚱한 것일 수도 있고, 판도라의 상자처럼 큰 화근만을 남길 수도 있다는 것을 명심하기 바란다.

사람과의 만남에 겁을 먹고 전전긍긍하는 것은 네가 장차 가꾸게 될 우정 혹은 사랑을 오히려 부실하게 할 수도 있다. 또 진실을 감춘 거짓된 시도와 연습은 아무런 의미도 이름도 남기지 못한 채 허공에 무산될 수 있다.

미팅에서 장래의 배우자를 선택하겠다는 엄청난 기대를 갖는 것은 세련되지 않은 생각이다. 그러나 동시에 오락적 유흥적 기분으로 너의 시간을 내주는 것은 더욱 좋지 않다. 상대방과 마주 앉은 한 시간, 혹은 30분은 바로 네 인생의 한 부분이다. 단 일회로 끝맺을지라도 부디 상대방을 진실한 얼굴로 대하기 바란다.

사람을 만나는 일은 〈종합영어〉 책을 한 번 더 읽어낸다든지 수학의 〈정석〉, 혹은 〈해법〉을 풀어보는 일과 다르다. 그것은 노력만으로 해결되지 않는, 운명이라고 할까, 인연이라고 할까 아니면 섭리라고 할까, 인력을 초월하는 어떤 힘의 작용이다.

그러나 네가 공부하던 그 성실성과 사리분별의 견식으로 사람을 대한다면 대부분의 경우 좋은 만남을 이룰 수 있으리라고 생각한다.

제 주변의 이성들 가운데는 물론 장차 배우자가 될 사람이 가장 중요하겠지만, 가깝게 살아가는 친구, 동료, 이웃, 선배들도 너의 삶을 윤택하게 구성해 주는 중요한 사람들이다. 단 한 사람을 선택하는 일에만 너무 급히 매달리지 말았으면 한다.

'예' 라는 대답 못지않게 '아니오' 라는 대답은 확실해야 한다. 어떤 경우에고 거절을 할 때는 미안한 마음으로 하여 그 거절이 그와 척을 지는 동기가 되지 않도록 하여라.

그것은 정말 얼마나 어려운 일인지. 그렇다고 하여 거절하지 않고 허락만 줄곧 계속하면서 살 수는 없는 것이 아니겠니? 정중한 태도 겸손한 말 이것은 너의 거절을 허락 이상으로 미화시킬 것이다.

좋거든 분명하게 '예' 라고 하여라. 그러나 가볍게는 하지 말거라. 천근의 무게를 들어내듯 무겁게. 무겁게란 말은 물론 우울하게 어둡게란 뜻이 아니요 정중하고 정성스럽게란 뜻인 줄 알겠지?

'내가 남보다 낫다' 는 생각은 유치한 착각일 수 있다. 사람에게는 그만이 지닌 장점과 미덕과 능력이 있다는 것을 알아야 한다. 그리고 장점이 지나치면 단점이 될 수도 있고 오히려 단점을 잘 닦으면 훌륭하게 빛날 수가 있다. 보약도 과용하면 독약이 되는 것과 흡사하다.

외모로 사람을 가볍게 판단하지 말 것이다. 그릇이 좋지 않아도 그 안에 담긴 내용이 훌륭할 수 있지 않느냐? 겉만 번지레하고 실속이 없는 것은 마치 껍데기만 있고 제 기능을 못하는 고장난 기계와 같지 않겠느냐?

성급히 서두르거나 끝장을 내려고 경솔히 굴거나 주견 없이 큰 흐름에 너를 맡겨서는 안 된다. 사람과 어울릴 줄 알되 함께 흘러가듯 중심을 잃어서는 안 된다. 훌륭한 상대를 찾는 데만 주력하지 말고 그러한 사람을 맞이할 수 있는 네 인격과 바탕을 구비하는 일에 먼저 힘쓰도록 하여라. 척박한 땅에는 아무리 좋은 씨를 뿌려도 훌륭한 결실을 기대할 수 없다.

사랑하는 내 딸아.

엄마는 네가 분별력이 있고 아름다운 사랑, 한 그루 묘목을 거목으로 길러가는 참을성 있는 사랑을 할 수 있기 바란다. 엄마는 진실로 그것을 위해 기도하고 싶다.

이러한 나를 너는 웃겠지.

'엄마 미팅해도 돼요?' 라는 한 마디 말에 지나치게 비약하고 과장까지 하면서 온갖 공상과 걱정을 하는 엄마를 너는 웃겠지. 하린아. 나도 지금 내가 우스워.

아름다운 계절이다. 창밖 수목들 잎이 다 피어 파랗다. 어느새 이렇게 되었을까, 세월이 참 빠르게 지나간다.

광기에 대한 몇 가지 생각

1. 미친년 혹은 미친놈

동네에는 으레 '미친년' 혹은 '미친놈'이라고 불리는 사람이 한둘 있었다.

그들은 봉두난발로 옷자락을 풀어헤친 채 공연히 히죽거리고, 맨발로 비틀거리면서 구걸하기도 했다. 알 수 없는 말을 혼자 중얼거리면서 제 나이도 모르고 자식뻘이나 됨직한 어린애들과 어울려 놀기도 했다.

사람들은 그들을 특별하게 대접했다. 누가 봐도 제 정신이 아닌 게 분명했으므로 그들의 언행을 크게 탓하지 않았던 것이다. 무례해도 그러려니 했고 파렴치한 짓을 해도 '저놈 좀 봐라, 얼씨구 또 시작했구나!' 혀를 끌끌 차며 웃어 넘겼다. 그 시절 소위 '미친 사람' 들은 그 광증을 치료받으러 병원을 출입하지 않았다. 집안에서 수치로 여겨 쉬쉬하였기 때문이다.

물론 초기에는 점을 치고 굿을 하여 귀신을 쫓아내려고 하지만 별 차도가 보이지 않으면 팔자소관으로 돌렸다.

지금은 고향 동네에 가도 그런 사람들을 만날 수가 없다.

나는 가끔 의심한다. 그 시절 '미친놈' 으로 불리던 사람들은 다 어디 갔을까. 그들은 정말 본정신이 아니었을까. 정신이 가뭇가뭇하다가도 다시 정상적인 상태를 회복하곤 했지만 오히려 그 멀쩡한 정신이 부담스러워서 일부러 광증의 연막 속에 은신했던 것은 아닐까. 거기서 그들 나름의 생존법을 찾아 마음 편하게 소위 잘난 사람들의 세상을 관람한 것은 아니었을까.

요즘이라고 해서 미친 사람이 없을 이유는 없다. 오히려 정신없이 돌아가는 현대의 기류에는 도저히 참아낼 수 없는 일들이 옛날보다 훨씬 많다. 그러나 요즘 사람들은 광증을 노골적으로 드러내지 않는다. 현대의 광증은 '미쳤다' 는 극단의 말 대신 신경쇠약이니 정신불안이니 하는 말로 광증과는 무관한 듯이 우리 생활에 섞여 있다. 과대망상이니 피해망상이니 대인기피증이니 편집증이니 우울증이니 다양하게 세분되어서.

우리는 이들 광증 가운데 한 가지쯤 가지고 있는 게 보통이어서 누가 미쳤고 누가 성한지 알기가 어렵게 된 것이다. 옛날처럼 구경꾼을 모으는 거리의 광인이 없어졌다고 해서 안심할 일은 아니다.

2. 그 여자

내 자리에서 두 줄 앞에 베이지색 웃옷을 입은 여자가 있었다. 앉아 있는 그 여자의 옷은 많이 구겨졌었다. 나는 앞 사람들의 어깨 너머 사선으로 그 여자를 보았다. 그 여자가 정상이 아니라고 생각한 것은 찬양대가 찬양을 시작한 후였다.

여자가 갑자기 벌떡 일어나더니 주위의 시선은 아랑곳없이 한참 동안 서 있는 것이었다. 아마 찬양대원들의 모습을 좀더 자세히 보려고 그러는 것 같았다. 여자는 그런 식으로 예배 도중 다섯 번인가 여섯 번인가를 일어났다.

오늘은 특별히 중국사람 칠팔 명이 한국교회를 보러 왔었고, 팔레스타인 어느 도시의 시장이라는 사람과 그를 수행하는 사람들도 함께 예배에 참석했었다.

여자는 목사님이 외국 손님들을 소개할 때마다 자리에서 일어나 목을 길게 빼었다.

그리고 또 한 번은 공연히 일어서서 – 이 '공연히' 라는 말은 순전히 내 관점에서 나온 말이지만' –

바지 허리춤에 끼인 티셔츠를 바지 밖으로 꺼내는 작업을 꽤 오랫동안 계속하였다.

가만히 있기가 불안하거나 거북한 모양이었다. 커다란 생수

병을 꺼내어 고개를 마음껏 뒤로 젖히고 물을 벌컥벌컥 마시기도 하고, 안약을 꺼내어 한참이나 병뚜껑을 열었다가 닫고, 흔들고 매만지고 하다가 그대로 다시 가방에 넣기도 하였다.

그 여자는 옆 사람들에게 전혀 조심하지 않고 큰 소리를 내면서 마른기침을 하고, 몸을 한껏 뒤로 젖혀 기지개를 펴는 바람에 뒷사람들이 움찔하면서 몸을 피하기도 하였다.

바로 뒤에 앉은 사람들은 나보다 훨씬 불안했을 것이다.

기도하는 시간 그 여자가 어떻게 하는가 보고 싶어서 나는 가끔 눈을 떴다. 아니나 다를까 여자는 기도하지 않았다. 앞뒤 포켓을 뒤지고 두리번거리느라 정신이 없었다. 얼굴을 옆으로 돌릴 때 보니까 예쁘지는 않아도 동글동글 귀엽게 생겼는데 서른이 될까 말까 애띤 얼굴이었다.

나는 예배에 몰입하지 못했다. 가끔, '자기 안에서 목표를 찾아라', '나를 통제하고 운영하는 능력을 키워라', '허리띠를 조이고 스스로 책임을 물어라' 토막토막 이런 말들이 귀에 들어오긴 했으나, 나는 건성으로 앉아 있었다. 그 여자를 관찰하는 데에 정신을 빼앗겼던 것이다.

마지막 축도가 끝난 다음 자리에서 일어나면서 나는 여자부터 살폈다. 그러나 언제 나갔는지 이미 자리에 없었다.

오늘 또 다른 사람들이 관찰했다면 집에 돌아가 이렇게 말했을 것이다.

'교회에 와서 예배에는 전혀 관심이 없이 어떤 여자만을 줄

곧 관찰하는 여자가 있더군요. 기도도 제대로 하지 않고 가끔 눈을 뜨더라구요. 오늘 우리 교회에는 두 명의 이상한 여자가 있었습니다. 미친 여자와 그 미친 여자에 빠져 있는 여자.'

3. 세상에서 가장 아름다운 말

'세상에서 가장 아름다운 어휘 하나' 를 쓰라고 했을 때, Q는 '광기' 라는 말을 선택하였다. 다른 학생들이 사랑, 그리움, 별, 꽃 등을 가장 아름다운 말이라고 주장할 때 Q가 선택한 '광기' 라는 말은 나를 다소 흥분하게 하였다.

Q는 사랑 하나에 목숨을 걸고 결혼하더니 결혼 생활 2년여에 이혼을 했고 이혼 후 얼마 후에 다시 결합하였다. 가끔 마주치는 Q의 얼굴에는 고즈넉한 우수가 깔려 있다. 나는 Q의 삶을 가끔 '광기' 와 연결시키곤 한다.

흔히 '미쳤다' 고 말할 자리에서 '돌았다' 혹은 '빠졌다' 라는 말을 쓰기도 한다.

'미치다' 는 도달하다, '돌다' 는 회전하다, '빠지다' 는 몰입하다의 뜻으로 풀이할 수 있다.

최후와 극단에 '도달하고', 각도가 정상에서 어긋나게 '회전하여서', 어느 한 곳에 '빠져' 헤어나지 못하는 상태가 광기인 모양이다. 계집에 '미치어' 살림을 그르치고, 노름에 '빠져서' 세상을 모르는, 돈을 보면 머리가 '도는' 그런 상태.

그렇다면 광기란 조화와 균형을 상실한 기형적인 편중을 이름인가. 선인들이 강조한 중용을 외면하고 한 곳에만 몰두하여 다른 것은 돌보지 않는 지경, 그것이 광기라면 나도 자주 거기 갇힌다.

광기는 열정이고 사랑이라고 긍정하면서 미화하는 소리도 높다. 광기라고 할 만한 뜨거움이 없이는 예술도 문학도 맹물처럼 시시할 것이다. 쓰러지지 않을 만큼만 몰입하고 떨어져 죽지 않을 만큼만 벼랑에 닿아, 조금은 어긋나더라도 아주 굽지는 않은 시선으로 개성을 지켜나가는 일, 그러나 그게 그리 쉽지가 않다.

축하하네

남원에서 서울행 고속버스를 탔다. 이른 아침이었다.

전날 지리산 아래서 어떤 문학단체의 세미나가 있었는데 그 남은 일정에 끝까지 동참하지 못하는 것이 아쉬웠다.

안개 낀 새벽길을 서둘러 빠져나오면서 나는 내가 하는 짓들이 못마땅하였다. 왜 이렇게 긴박한가. 좀 느슨하게 살 수는 없는가. 누가 그렇게 하라고 명령한 것도 아니고 스스로 계획을 세워 움직이면서도 자꾸 짜증이 났던 것이다.

버스 안에는 겨우 서너 명의 승객이 타고 있을 뿐이어서 나는 '이것이 확실히 7시 발 서울행 고속버스인가'를 몇 번이나 물었다. 이렇게 한산해서야 고속버스 회사를 어떻게 운영할 수 있을까, 공연히 주제넘은 걱정도 하면서.

그러나 떠날 시간이 임박하자 어디에서 몰려들었는지 한

꺼번에 많은 사람들이 올라탔다. 나는 객지 사람이라서 물정을 모르고 일찍 서둘렀지만, 시간표며 버스 사정을 소상히 알고 있는 현지 사람들은 출발 시간에 딱 맞게 나타났던 것이다. 아무튼 커다란 버스에 겨우 서너 명만 타고 가지 않게 되었으니 다행이었다.

남원만 해도 좁은 지역이라 그럴 것이다. 승객들은 얼기설기 친분으로 얽혀 있어서 차 안은 한동안 서로 인사를 나누느라 시끌짝했다.

나는 그날도 맨 앞자리 오른쪽의 혼자 앉는 자리를 차지하고 눈을 감았다.

"자네, 얼마만인가. 참 오랜만이시. 그동안 토옹 소식을 모르고 지냈네그려."

"어이!, 난 누구라고. 몰라보겠네. 자네는 무엇 때문에 서울 가는가?"

"응. 나, 빙원(병원)에 좀 가네."

"병원에는 왜? 서울까지? 자네 어디 아픈가? 그러고 보니 얼굴이 많이 상했네."

"으응. 인자 괜찮은디."

"어디가 나쁜가?"

"암이라네."

그 사람은 암이라는 말을 무슨 감기이나 소화불량이라는 말보다도 더 쉽고 가볍게 그리고 명랑하게 했다. 나는 감았던 눈을 떴다. 내가 혹시 잘못 들은 것은 아닌가, 귀를 의심하였다. 암이라는 말을 들은 그 상대방 역시 예사로 들었는지 별로 놀라는 기색을 보이지 않았다. 만일 놀라움을 보인다면 암을 앓고 있는 환자가 충격을 받을까봐 일부러 태연한 척하고 있을까, 나는 내 나름으로 해석하였다.

그들의 좌석은 통로 하나를 격했을 뿐 바로 옆 자리여서 나는 그들의 대화를 똑똑히 들을 수 있었고 고개만 돌리면 그들의 모습도 볼 수 있었다.

몇 년 전 대장암 진단을 받고 수술을 받았는데 결국은 간으로까지 번진 모양이었다. 그래도 열에 두 칸은 가능성이 있다는 의사의 말을 믿고 시키는 대로 약을 먹고 섭생을 했더니 이제는 거의 치료가 되었다고 하였다. 그래도 아직은 정기적으로 통원치료를 받으면서 별다른 이상이 생기지는 않았는가, 더 확산되지 않고 정상적으로 아물고 있는가, 병의 예후와 변화에 대처하고 있는 중이라고, 병과 싸우지 말고 잘 달래서 다스리면 병도 말을 듣는다고 그는 웃음까지 곁들여 말했다.

그는 암이 얼마나 어려운 병인지 물론 알고 있었다. 까딱하면 죽었을지도 모른다는 말을 하면서도 그의 음성에 고통스러움이나 짜증이 실려 있지 않았다. 그것은 이미 극복된 것이므로 승리자가 모험담을 발표하듯이 할 수 있을까.

"나는 서울로 전근이 되어 가네. 과장으로 승진이 되긴 했네만 걱정이 태산이야.”

“어이구 과장이라고? 아주 잘 된 일이시. 축하허네. 대단허이.”

그러나 영전이 되어 가는 사람은 영전을 전혀 잘된 일로 생각하지 않는 듯 시큰둥하였고, 축하를 받을 마음의 준비도 되어 있지 않은 것 같았다.

“잘 되기는 뭘. 다 늙은 나이에 객지생활 할 일이 걱정이야. 그렇다고 온 가족이 서울로 이사를 할 형편도 못 되고. 다 때려치우고 싶은 생각이 굴뚝 같지만 처자식들 때문에 이럴 수도 저럴 수도 없어. 하숙을 하자니 그렇고 자취를 하자고 해도 그렇고. 아무튼 심란하네.”

“듣고 보니 그렇기도 하겠네만. 잘된 일 아닌가. 시간이 지나면 더 좋은 방도가 생길 것이네. 그만 둘 생각 말게.”

하나는 암과 투병중이고 하나는 서울로 영전하여 올라가는 사람이었다.

그러나 그 두 사람이 주고받는 말이나 목소리로는 누가 암환자인지, 누가 서울로 영전하여 가고 있는지, 누가 누구를 위로하고 위로를 받아야 할 처지인지 구별하기가 어려웠다.

오히려 암환자가 영전되어 가는 친구를 진심으로 위로하였고, 영전되어 가는 사람은 친구의 암 같은 것은 귓가에도 들리지 않는 것처럼 무덤덤하였다.

문득, ‘남의 염병이 내 고뿔만 못하다’ 는 말이 생각났다.

서울에 도착하여 버스에서 내릴 때 나는 그 의지의 투병자에게 무슨 말이라도 한 마디 하고 싶었다. '긍정하는 인생관이 암을 이기게 했어요', '참 훌륭하십니다', '축하해요' 그러나 이런 말들로 내 마음을 표현하기는 턱없이 모자랄 것 같았다.

생명을 위협 받는 병임을 알면서도 수년 동안 끄떡없이 대처하고 있는, 저 신념과 의지와 희망으로 차 있는 사람 앞에서 내가 지금 도모하고 실행하고 이겨내고 있는 일은 무엇인가?

서울에서 해결해야 할 일들, 오늘 아침까지 성가시고 걱정스럽게 머릿속을 짓누르던 그 일들이 아주 시시하고 하찮은 일로 생각되었다.

꿀단지

별일 없을까 현관문을 열고 집안으로 들어섰다.

한 달 가까이 비워둔 집이었다. 떠나 있으면서도 가끔 걱정이 되지 않은 것은 아니었다.

도둑이 들어와 봤자 가져갈 것이라곤 없지만 그래도 마음은 편치 않았다.

그 동안 내내 장마가 계속되었으므로 어디선가 퀴퀴한 냄새 같은 것이 나는 것 같기도 하고 통풍이 되지 않은 어느 귀퉁이가 상하고 있는 것은 아닌가 싶기도 했다. 그러나 다행히 별다른 이상은 없었다.

그런데 한 가지 변한 것이 있었다. 사람이 없는 동안 개미들이 눈에 띄게 많아진 것이었다.

개미들은 주방을 주무대로 삼아 제일 빈번하게 왕래를 하고 있지만 안방 마루 서재할 것 없이 가리지 않고 돌아다녔다. 눈이 나쁜 사람에게는 잘 보이지도 않을 만큼 개미의 크기는 작은데 말할 수 없이 재발라서 내 손가락이 따라가서 눌러 죽이기가 힘이 들었다.

어떤 시인이 발간한 책이던가. 〈나는 개미를 손가락으로 눌러 죽인 사람입니다〉라는 제목의 시집이 있었다.

나는 처음에 그 제목을 보고 픽 웃음이 나왔다.

남의 시집의 제목을 보고 픽 웃었다니, 왜 웃었느냐고 따지면 변명하기가 어렵다.

아무튼 웃었다는 것은 시인의 진실과 그 진지성을 약화시키는 것이라서 미안하다. 그러나 고해성사라도 하듯이 개미를 손가락으로 눌러 죽였다고 통회하는 사람도 있는데, 너무나도 뻔뻔하고 드세게 고개를 쳐들고 있는 내 모습이 하도 대조적이어서 웃었을 것이다.

그리고 솔직히 말해서, '개미 같은 것쯤 손가락으로 눌러 죽이는 것이 뭐 그리 대단한 사건인가' 하는 생각이 아주 없었던 것은 아니다.

나는 무수히 개미를 눌러 죽여 왔으니까. 손가락으로 눌러 죽였음은 물론이고, 개미를 소탕하기 위해서 살충제도 여지없이 뿌렸고 개미보다 더 큰 벌레들도 죽였던 것이다. 인간인 내 앞에서 그는 다만 생활에 유익하지 않은 벌레일 뿐이니까, 나는 벌레를 망설이지 않고 깔보았다. 그리고 그 생각은 지금이 시간도 달라지지 않았다.

개미들은 일렬 종대로 졸졸졸 서서 같은 목적을 위해 일사분란하게 움직이고 있었다. 그들이 움직이는 선을 따라 가 보았다. 그러면 그렇지, 그들은 꿀단지 위로 올라가고 있었다. 꿀단지 뚜껑을 열어본 순간 나는 기절할 뻔하였다. 이미 그 속에는 꿀속에 몸뚱이를 처박고 빠져 죽어 있는 개미들이 족히 수천 수만 마리가 넘을 것 같았던 것이다.

꿀단지 속에 빠져서 질식해 죽은 개미. 그것은 내게 숨 막히는 말들을 쏟아 내고 있었다. 내가 탐하고 있는 꿀단지에 대하여, 내가 주야로 다가가고 있는 꿀단지까지의 거리에 대하여. 꿀단지와 적당한 거리를 견지하고 있을 때라야 그것은 달콤한 유혹이 될 수 있을 것이라고, 빠져 죽은 개미들이 소리치고 있었다. 너무 가까이 다가가면 나를 죽일 수도 있을 것이라고 외치는 것 같았다.

날마다 신문에는 꿀단지에 빠져 죽은 사람들의 이야기가 대문짝만하게 뜬다.

그리운 날엔 창가에 선다

오래 전부터 커다란 창이 있는 방을 가지고 싶었다.

벽 한 면이 온통 한 장의 통유리로 되어 있는 방, 창이 아니라 유리벽이라고 할 만큼 전망이 투명하게 열려 있는 방. 나는 벽이 온통 유리로 된 방을 가지고 싶다.

그 커다란 창이 있는 방에서 창밖을 내다보면서, 차를 마시고 음악을 듣고 사람들을 생각하고 싶다.

내 생각의 태반은 언제나 사람에 대한 것이다. 내가 가장 깊게 그리고 가장 진지하게 생각하고 싶은 것은 사람들과의 관계로 얽힌 일들인 것이다.

사람들과 만났던 일, 그 사람들과 나눈 이야기, 사람들이 있던 풍경과 그들 사이에서 일어났던 일, 혹은 아름답고 혹은 설레고 혹은 가슴 아픈 일들… 그렇지만 이런 일들도 대부분은 우리 삶 속으로 떨어지는 눈송이처럼 순순히 일상 속에 녹아들게 될 것이다.

외로운 날이면 창가에 서서 사랑하던 사람들을 추억하고 싶다. 사랑하던 이름을 꼽아 보면서, 그리운 사람에게 띄울 편지의 첫구절을 생각하고 싶다.

나는 사람들에게 섭섭했던 일들을 창가에서 삭일 것이다.

믿음을 저버림으로 해서 나를 슬프게 했던 사람들도 나는 창가에 서서 용서할 것이다.

나는 외로울 때면 창가에 선다. 거기서 숨결을 순하고 느슨하게 정돈한다. 외로울 때 만일 벽을 향해 선다면 얼마나 심각해질까.

행동의 시작이요 출발의 명령인 문 앞에서도 많은 갈등을 겪을 것이다. 나는 그 문을 열어야 할 것이고 열고서 어디든지 가야 하겠지. 황망히 신호등을 건너서 인파 속으로 스미든지 초조와 번잡으로 나를 뒤엉키게 하겠지.

나는 외로울 때 창가에 서기도 하지만, 망연히 창가에 서 있음으로 문득 외로움을 느끼기도 한다.

창을 향해 서는 것은 대화와 화해를 원한다는 의미다.

창은 열려 있음의 표상이다. 열려 있는 정의 통로로 우리는 서로의 순수와 진실을 알기 위해 손을 내밀어도 된다.

창은 길이 아직 트여 있다는 것, 트여 있으므로 가능성이 있다는 것을 일러 준다. 그래서 창은 꿈을 갖게 한다.

유리창이 커다란 방안에서 나는 열심히 밖을 내다보며 꿈을 꾸고 싶다. 그러나 창밖에서는 오히려 나를 들여다보며 구경할는지도 모른다. 어항 속의 물고기를 들여다보듯이 누가 나를 들여다보고 있을는지 모른다. 그러면 나는 몸뚱이가 들이비치는 누에처럼 나를 투명하게 노출하게 되겠지.

나는 나를 은폐할 수 없는 창이 커다란 방에서 무슨 일을 할까? 발가벗은 몸처럼 내가 마알갛게 투시될 수 있는 창이 커다란 방안에서 나는 어떤 몸짓을 해야 할까?

무대에 올라선 주연 배우처럼 시선을 모으면서 나는 우아하게 찻잔을 들고 손을 예쁘게 모아 기침을 하고 희고 가지런한 이를 보이며 잔잔한 미소를 지어야 할까.

그리하여 창은 나를 황후처럼 고결하게 하는 연습을 시킬지도 모른다.

창으로 내다보이는 바깥 세상은 늘 한가하지가 않다.

계절이 차례로 지나가고 물살처럼 떼 지어 사람들은 흘러간다. 이 도시의 지붕 아래 저토록 많은 사람이 살고 있다는 것이 믿어지지 않는 오후. 사람들은 혹은 한유하게 혹은 바쁘게 그들의 바람을 일으키면서 걷는다.

그들은 그들의 리듬을 튕기면서 걷는다.

가로수 잔가지 위로 구름은 잠시 쉴 자리를 찾고, 먼지 낀 도시의 우울한 대기가 이리저리 옮겨가고 있는 것이 보인다.

행복과 비운이 비껴서 가고 만남의 약속과 헤어짐의 선언이 이어지는 것을 보면서 한결같이 그 자리에서 기다리고 있는 창.

거기 모여든 햇살이 순금의 씨날을 늘여서 내 발등을 덮어주고, 음습한 내 마음의 그늘을 걷어서 무한의 하늘로 보내는 창. 나는 창가에 서면 하늘을 우러르고 싶다.

나는 외로운 방안에서 헤어 나오고 싶을 때 창가에 선다.

창은 외로움과 외롭지 않음이 마주치는 곳. 외롭지 않은 사람의 방황하는 발길을 주저앉히고 외로운 사람의 헝클어진 머리칼을 쓸어 준다.

유리판이 커다란 창가에 서면 먼 바다의 파도소리가 들리는 것 같다. 창밖에 바로 세상이 있고 세상의 어둠이 뻘밭 같다 할지라도, 창 안에서 창 밖을 내다보는 아늑한 시간을 나는 내 시간표 속에 빨간 동그라미로 표시하고 싶다.

설령 그것이 일시의 착각으로 스러질지라도 나는 창이 주는 위안을 사랑한다.

외로워질 때 나는 찻잔을 들고 창가에 선다.

누군가 그리운 날엔 창가에 선다.

태희, 다녀가다

달포 전에 태희가 다녀갔다.

졸업 후 수십 년 동안 나는 그의 소식을 모르고 지냈다. 미국으로 이민을 갔다는 말도 들었고, 여러 기업체를 운영하는 부자가 되었다는 소문도 있었다. 그가 문득 나를 방문하겠다는 연락을 보내온 날부터 며칠 동안 잠이 오지 않았다.

태희가 머무는 동안 어떻게 대접하고 무엇을 구경시킬까 생각하면서 나는 마음이 설레었다. 이불 홑청을 빨고 베갯잇을 갈아 끼우고 식탁보를 바꾸었다. 야단스럽지 않게, 그러나 우아한 품격이 저절로 풍기게 하고 싶었다.

태희는 내 추억의 언덕 위에 우뚝 솟아 있는 특별한 친구다.

나는 어제의 일처럼 생생하게 기억하는데 그도 그럴는지 모르겠다.

합동강의 시간 강당에 우두커니 앉아 있었다. 수업이 시작되기엔 아직 일러서 학생들이 별로 없었다. 그런데 누가 볼펜 끝으로 다 닳은 내 구두 밑창을 찔렀다. 강당이 계단식으로 되어 있어서 앞자리에 앉은 사람이 허리만 굽히면 뒤에 앉은 사람이 뻗고 있는 발바닥을 볼 수 있는 그런 구조였다.

태희였다.

"사람 냄새가 솔솔 난다. 그 구멍에서."

"꿈보다 해몽이 좋구나."

나는 얼굴을 붉히거나 어쩌지 않았을 것이다. 아마 상긋 웃는 여유까지 보였던 것 같다. 그때는 왜 그렇게 당당할 수 있었는지 모르겠다. 가난은 잠시의 과정이라 생각했을까. 가난은 고독과 더불어 젊음을 표상하는 하나의 상징이라고 생각했을까.

3학년 가을이었을 것이다. 군사혁명 이후 아르바이트 학생으론 안 되니 정식직원을 채용하라고 했다나 어쨌다나. 나는 학생과에서 추천해 준, 친구들이 모두 부러워서 질투까지 하던 아르바이트 자리를 잃었다.

그때도 값이 헐한 기성화가 얼마든지 있었건만 무슨 허영심이었을까. 나는 종로에 있는 '꽃신' 이란 집을 좋아했다. 제화기술이나 재질에는 별 관심이 없었다. 그 집이 종로 2가에 있다는 것, 그리고 상호가 '꽃신' 이라는 것 때문에 그랬을 것이다. 노예처럼 순종하는 불쌍한 발에 꽃신을 신겨서 호강 시키고 싶다는 생각, 발에 쏠리는 내 각별한 애정은 다분히 비현실적이고 감상적인 고집이었다. 구두 앞부분이 뾰족하고 뒤축이 높은 하이힐, 키가 작은 나는 '꽃신'에서 만든 하이힐만을 죽어라 신고 다녔다.

다 닳은 내 신발을, 태희는 속으로만 비웃거나 등 뒤에서 흉보거나 하지 않았다. '사람 냄새가 솔솔 난다.' 볼펜 끝으로 찌르면서 농담을 걸었던 것이다. 그는 우리 또래 중에서 가장 속이 넓고 생각이 숙성했다. 바로 그런 태희가, 내 곤핍의 목격자이며 증인인 그가 온다니 내가 흥분한다는 것은 당연하였다.

태희를 맞을 준비에 바빴던 것은 물론 태희를 대접하기 위한 것이었다. 그러나 순전히 그를 위한 것만은 아니었다. 그에게 각인 되어 있을지 모르는 옛날의 내 모습, 낡고 퇴색한 그림을 화려하게 덧칠하고 싶은 순수하지 않은 의도가 적지 않았음을 나는 구태여 부정하지 않겠다.

'태희야, 나 옛날과는 달라, 시인도 되고 교수도 되고. 봐라! 나 지금 이만큼 살고 있어. 밑창이 닳은 구두는 멀고 먼 과거 속으로 사라진지 오래야.' 나는 은연중 그런 뜻을 전하고 싶었을 것이다.

그는 오후 두시가 넘어서야 광주에 도착하였다. 우리는 외마디소리를 지르면서 사십 년 세월의 장벽을 뚫고 서로 두 팔을 뻗었다.

'얼마만이냐.' 이렇게 만날 수가 있구나. 옛날 그대로야.

그 동안 마음속에 간직했던 게 겨우 이렇게 싱겁고 김빠진 말이었는가? 그러나 다른 말들은 생각나지 않았다. 우리는 흐흐거리면서 자꾸 같은 말만 반복하였다.

그러다가 문득 태희가 머뭇거리면서 이런 말을 했다.

"향아! 여기서 순천이 얼마나 멀어? 나 사실은 순천에 가야 하는데……"

머리끝에서 발끝까지 온몸의 힘이 빠져나가는 것 같았다. 나는 너무나도 낙심하여 입을 벌리기도 싫었다. 애초에는 하룻밤 머물고 내일 아침에나 갈 예정이었는데 갑자기 계획이 헝클어졌다고 했다.

"시아버님이 거기 사셔. 88세 생신이야."

원래 모이기로 한 날짜는 내일이지만, 지금 모두들 모였으니 빨리 오란다는 것이었다. 속이 상한 내가 무조건 태희를 옆에 태우고 시내로 진입하는 동안에도 무등산을 횡단하는 동안에도 그를 부르는 전화는 계속 걸려왔다.

나는 더 이상 그를 붙잡을 수 없다는 것을 알았다. '오늘 중으로는 간다고 해.'

순천까지 천천히 함께 가면서 얘기를 나누다 보면 쌓인 회포가 조금은 풀릴 수 있을 거라고 나는 부풀었던 희망을 한껏 줄였다.

태희는 소문대로 미국으로 이민을 갔고, 돈도 제법 벌었다고. 그러나 몇 번 사업을 뒤집고 엎었다가 일어나는 동안 기진

맥진했다고 했다. 세탁소, 음식점, 옷가게, 슈퍼마켓, 주유소 여러 일을 해보는 동안 세상을 바라보는 눈이 넓어 졌노라고 했다.

"딸만 둘인데 큰사위는 중국인이고 작은 사위는 흑인이란다. 이만하면 사해동포주의지. 나 지금 인류공영에 이바지하고 있는 중이야."

나는 도로변 그늘에 차를 세웠다. 그리고 옛날에 그가 좋아하던 노래의 테이프를 틀었다.

'카타리, 카타리... 무정 무정한 마음, 내 생명 다 빼앗아 갔네. 지나간 옛일 잊지 못하네.'

우리는 서로 바라보면서 웃었다. 나는 소리 내어 울고 싶은 것을 눌러 참았다.

"삶이란 게 별 것 아냐. 아등바등하고 싶지 않아. 남는 건 결국 쓸쓸함과 공허함이거든."

태희는 왜 이렇게 정돈이 되어서 왔을까? 그가 하는 한 마디 한 마디 말이 너무 진해서 나는 자꾸 긴 숨을 몰아쉬었다. 이번에 시댁 어른들과 의논한 후 한국으로 돌아와 살고 싶은데 제대로 잘 될는지 걱정스럽다고 했다. 이런 말들을 하는 그의 목소리는 전혀 기진맥진한 것 같지 않았고, 쓸쓸하거나 공허하게 들리지도 않았다.

태희는 다녀갔다. 만나는 데는 40년이나 걸렸는데 헤어지는 데는 4시간도 걸리지 않았다. 그를 우리 집으로 대려 왔더라도 그는 내가 준비한 식탁보나 베갯잇이나 이불 홑청 같은 사소한 것에는 관심이 없었을 것이다. 내가 그날 제일 아끼던 진밤색 세무 하이힐을 뽐내듯이 신고 나갔지만 그는 내 겉모습 어디도 훑어보거나 어쩌지 않았다. 더구나 발 같은 건 더.

“너를 만났으니 됐어. 옛날부터 난 널 믿었다. 기뻐.”

순천에서 헤어질 때 내 손을 아프도록 꽉 쥐고서 태희가 한 말이다.

어둑어둑 저무는 밤 고속도로를 혼자 달려오면서 겨울 가로수의 검은 그림자가 획획 빠르게 지나갈 때마다 나는 내가 형편없이 작게 가라앉는 것 같았다. 그 옛날 닳아빠진 구두 밑창을 들켰을 때보다도 훨씬 더한 느낌. 몇 마디 말로는 설명할 수 없는 부끄러움.

나는 옛날 그대로 머물러 있을 뿐 한 발자국도 앞으로 나가지 않았다는 생각이 들었다.

가을이면 떠나고 싶다

가을에는 어딘가로 떠나고 싶다. 거리 귀신이 씌인 듯, 불현듯 집밖으로 벗어나고 싶다.

집을 벗어나면 흩날리는 바람, 바람이 불어가는 방향을 좇아 산이든지 바다든지 헤매고 싶다. 부디 올 가을에는 나에게도 그런 축복이 허락되어 지기를…

나는 진실로 오랫동안 떠나는 일을 미루어 왔다.

'다음에 좀더 한가해 지면' 이라고, 나는 분망한 생활의 시간표에 내 발뒤꿈치를 둔하게 못박았었다.

그러나 유한해 질 어느 날은 과연 있는 것인가?

가을이라고 갑자기 한가해지는 것은 아니련만, 나는 가을마다 기러기처럼 날아가고 싶은 유혹을 느낀다.

내가 날아가기 위해서는 호주머니 속에 눈 먼 돈 5만원쯤만 들어 있어도 충분할 것이다.

나는 그 중의 만원을 비상금으로 남겨 둘 것이다.

—아, 비상금, 비상금이라는 말이 나를 갑자기 긴장시킨다. 혹시 어떻게 될는지 몰라서 비상금을 준비하는 일 같은 것은 얼마나 오랜 세월 나를 소심함에 시달리게 했는지.

남은 돈으로는 두 끼니의 국밥과 박하향이나 계피향이 들어 있는 드롭스 한 봉지, 타관의 길초 간판이 촌스럽고 납작한 찻집에서 그 집 특유의 맛이 나는 커피를 한 잔씩 마실 수 있으면 된다.

그리고 장거리 전화도 걸 수 있어야 한다.

문득 떠나왔다고, 같이 올 걸 그랬다고, 그립다고….

그런 소식을 전할 수 있는 사람이 내 곁에 몇 사람쯤 있다는 걸 확인하는 일은 나를 더없이 부유하게 할 것이다.

나는 주저하지 않고 그 행복감을 누리고 싶다.

나는 남은 돈을 다 털어서 그 돈이 허락하는 한의, 가장 먼 곳의 왕복 차표를 끊을 것이다.

이왕이면 지명이 아름다운 어느 곳으로 가는 차표를.

내가 그토록 오래 미루어 왔던 욕망이란 것이 겨우 이 정도의 것인가. 나는 떠나는 차창에 기대어 씁쓸히 웃을 것이다.

나는 가을이면 올리브색 부드러운 바지를 입고, 그 위에 화려한 체크 무늬가 그려진 올이 고운 셔츠를 받쳐 입고 싶다. 맑은 명주 스카프를 목에 걸어 바람에 제 멋대로 날리게 하고 싶다.

나는 맨드라미와 분꽃이 피어 있는 낯선 지역의 조그마한 역사에 나그네가 되어 내릴 것이다.

초가을 햇살은 은가루처럼 빛나고 나는 까닭도 없이 콧날이 찡한 우수에 젖겠지. 바람은 타관의 흙냄새를 실어다가 나를 점점 더 설레게 하겠지.

그러나 나는 초행의 나그네처럼 두리번거리지 않고 천천히 뚫린 길을 걸을 것이다. 가다 보면 길은 사방으로 트일 테니까.

길에서 길로 연이어진 끝없는 삶의 역정처럼 길은 어디로나 트여서 오라고 오라고 내게 손짓을 하겠지.

나는 산으로 가는 길이 어디냐고 물어야겠다. 골짜기의 물들은 숙성한 소리로 흐르면서 지난 여름의 방만했던 자유를 용서할 것이다. 그리고 여름이 남기고 간 상처를 위로할 것이다.

'그렇지 그렇지' 고개를 연신 끄덕이면서 깊고 서늘하게 흐르는 가을 물가, 나는 골짜기의 물가를 순례자가 되어 수연히 거닐고 싶다.

나무숲은 어제보다 더 깊숙이 허리를 굽히리.

들끓어 오르던 지난 여름의 함성, 그 허무와 외로움을 이부자리처럼 끌어 덮으리.

단풍은 인내의 색깔, 아니 단풍은 목울음의 색깔. 단풍잎이 추억처럼 지는 산사에서 하룻밤을 꼬박 새우고 싶다.

왕성하던 생명의 사육제는 여름으로 막을 내리고 가을은 뒷마당에 모닥불을 피우는 계절, 가을 나뭇잎처럼 물이 들어서 나는 모처럼의 아름다운 탈선을 허락하고 싶다.

그리하여 나는 마음 먹고 하룻길 소풍을 혼자 떠날 것이다.

무작정 떠날 것이다. 무작정 길을 나선다는 것은 위험한 일이지만 가을은 나에게 그것을 허락한다.

'가을이니까'

가을이면 길을 떠나서 고요에 닿고 싶다. 투명한 물에 젖은 여의주 같은 고요.

나는 돌아오는 길을 알고, 내가 어디로 가는지를 알고 떠날 것이며, 내가 왜 돌아와야 하는지 언제 돌아와야 하는지를 알고 떠날 것이다.

그러나 가을은 이미 떠났던 사람들이 돌아와야 하는 계절이기도 하다. 평생을 떠돌던 페르귄트가 솔베지의 베틀 앞에 돌아오듯이. 돌아와서 양파 껍질을 벗기면서 알맹이가 없는 자신의 인생을 쓸쓸히 들여다보듯이.

나는 가을마다 그 충만 속에 감추어진 허무가 두렵다.

가을처럼 내 허점과 결핍을 정직하게 일러주는 계절은 없다.

■ 연보

1938년 2월 16일, 아버지 이승현씨(충남 서천군 문산면 신농리)와 어머니 윤만순씨(충남 논산군)의 5남매 중 맏이로 태어났다. 본명 영희英姬. 사교적이고 활동적이며 포부가 원대하던 아버지는 외국어(만주어, 중국어, 일본어)에 능통하였으며, 자태가 곱고 섬세한 어머니는 고고하고 명석하였다.

영아기에 아버지의 임지인 전라북도 군산으로 이주하여 4살 되던 해까지 살았다.

1942년 네 살 되던 해, 아버지의 전근으로 인해 전 가족이 중국 하얼빈으로 거주지를 옮겼다. 아버지는 일본회사 중국지사에 근무했는데 그 정확한 명칭을 모르겠다.

1945년 8월 제 2차 대전을 피해 전라북도 군산으로 옮겨 정착하였다. 적수공권이 된 아버지는 군산해운주식회사를 인수했으나 정치적 혼란기에 국내뿐 아니라 중국 상해까지 내왕하다가 노후한 선박이 파선하는 등 고전하였다.

1946년 군산국민학교에 입학하였다. 영재 육성책으로 편성된 4~5학년 때 담임 문동순 선생님은 작시일기와 작곡일기를 지도하는 등 탁월한 교육방법을 가졌었다.

1951년 군산국민학교를 졸업하고 군산여자중학교에 입학하였다.

1952년 7월 아버지와 사별하였다.

1954년 3월 군산여자중학교를 졸업하고 군산간호대학의 전신인 개정간호고등학교에 입학하였다.

1956년 5월 보건사회부 주최 전국간호학생 학술경진대회에서 전국 1등을 하였다.

1957년 3월 개정간호고등학교를 수석으로 졸업하고 몇 달 간 임상검사요원 훈련을 받았다.

5월 농촌위생연구소 화호중앙병원 임상검사실 실장으로 취임하였다. 근무하는 2년 동안은 독서의 폭을 넓혀 습작할 수 있는 좋은 기간이었다. 각종 독자문예란에 작품을 게재하는 등, 서정주 · 김동리 선생님의 지도를 받을 수 있었다. 필명 이향아李鄕莪로 작품발표를 시작하였다.

1959년 3월 위 연구소를 사직하고, 서정주 선생님의 권유로 서라벌예술대학 문예창작과에 입학하였다. 재학기간 갑류장학생으로 전액 장학금을 계속 받았다.

1960년 1월 시 〈기폭 아래서〉로 女苑社 주최 여류신인상을 받았다.

1961년 2월 서라벌예술대학 전교 수석으로 문예창작과를 졸업, 경희대학교 문리과대학 국어국문학과 3학년에 편입하였다.

1963년 2월 경희대학교 문리과대학 국어국문학과를 졸업하고, 이해 4월부터 전주 기전여자고등학교 교사로 부임하여, 이후 8년 10개월 간 근무하였다.

10월 《現代文學》 誌에 詩 〈雪景〉을 초회 추천을 받은 후,1965년 10월에 〈가을은〉으로 제 2회, 1966년 5월 〈찻잔〉으로 제 3회 추천을 완료하여 문단에 올랐다.

1966년 1월 동국대학교 국문학과를 졸업한 李鉉洙씨(전라남도 장흥군 안양면 사촌리)와 結婚하였다.

3월 남편이 경기도 도농중학교에서 전주 신흥고등학교 교사로 채용되었다.

1967년 3월 첫 딸 하린賀隣을 69년에 큰아들 환桓을 70년에 둘째아들 준俊을 출산하였다.

1970년 10월 첫 詩集 〈황제여〉를 전주 《선교회출판부》에서 출간하였다.

1971년 3월 남편이 전주 신흥고등학교를 떠나 서울 경성고등학교 교사로 부임하여 이후 10년간 근무하였다.

1972년 9월 서울시 교육위원회 주최 공립학교 교사채용시험을 치르고 서울 영천 중학교 교사로 부임하였으며 이후 3년 6개월간 근무하였다.

1975년 6월 제 2시집 〈동행하는 바람〉을 《한국문학사》에서 출간하였다.

1976년 3월 서울 성동여자실업고등학교로 전근하여 이후 5년간 근무하였다.

1978년 6월 첫 수필집 〈지금이 영원인 것처럼〉이 《미소출판국》에서 출간되었다.

10월 제 3시집 〈눈을 뜨는 연습〉이 《시문학사》에서 출간되었다.

1979년 6월 제2 수필집 〈저문 거리에 등불이 켜질 때〉가 《문지사》에서 출간되었다.

9월 경희대학교 대학원 석사과정에 입학하였다.

1980년 1월 신달자 유안진과 함께 시동인 《文彩》를 결성, 이후 동인지 14호까지 내는 동안 3권의 수필집을 공저하였다.

1981년 3월 서울 영등포여자고등학교로 전근발령을 받았다.

8월 경희대학교 대학원에서 〈새를 표제로 한 현대시의 이미지 연구〉로 석사학위를 받았다.

7월 제3 수필집 〈긴 강에 꽃을 띄우며〉가 《백미사》에서 출간되었다.

3월 남편이 동국대학교 대학원 박사과정에 입학함과 동시에 조선대학교 사범대학 국어교육과 전임강사가 되어 광주로 떠났다.

1982년 3월 경희대학교 대학원 박사과정을 시작함과 동시에 호남대학 국어국문학과 전임강사로 임명되었다.

5월 준, 서울중동국민학교를 대표하여, 서울시 교육회가 선정한 모범어린이 표창을 받았다.

1983년 9월 제4시집 〈물새에게〉가 《문지사》에서 출간되었다.

1984년 2월 〈문학의 이론〉이 《영학사》에서 출간되었다

1985년 5월 제4 수필집 〈이별을 위하여 해후를 위하여〉가 《맥밀란출판사》에서 출간되었다.

11월 경희대학교 문인회가 주관하는 제 2회 경희문학상을 받았다.

3월 하린, 이화여자대학교 의과대학교 의예과 입학하였다.

1986년 2월 수필선집 〈혼자 사랑하기〉가 《범조사》에서 출간되었다.

7월 제5 시집 〈껍데기 한 칸〉이 《오상출판사》에서 출간되었다.

5월 시선집 〈그대 이름 부를 자〉가 《융성출판사》에서 출간되었다.

1987년 2월 제5 수필집 〈아직도 기다리는 불빛 하나〉가 《융성출판사》에서 출간되었다.

8월 경희대학교 대학원에서 논문 〈한국 현대시에 나타난 삶의 인식방법 연구〉로 문학박사 학위를 받았다.

9월 제6 시집 〈갈꽃과 달빛과〉가 《홍익출판사》에서

출간되었으며, 이 시집으로 시전문지 월간 《詩文學社》가 주관하는 제 12회 시문학상 받았다.

3월 큰아들 환, 한국과학기술대학(KAIST) 기계공학과에 입학하였다.

1988년 5월 제6 수필집 〈바람에 띄우는 연서〉가 《동문선》에서, 시선집 〈우리가 만난 지금은〉이 《오상출판사》에서 각각 출간되었다.

1989년 10월 제7 시집 〈강물연가〉가 《나남출판사》에서, 신앙 시선집 〈만나러 가는 노래〉가 《종로서적》에서 각각 출간되었다.

1990년 6월 제7 수필집 〈고독은 나를 자유롭게 한다〉가 《자유문학사》에서 출간되었다.

12월 하린, 이화대학교 부속병원 인턴시험에 합격하였다.

3월 준, 한국외국어대학 노어노문학과 입학하였다.

1991년 5월 수필선집 〈사람을 찾습니다〉가 《자유문학사》에서 출간되었다.

11월 하린, 이화여자대학교 부속병원 피부과 레지던트시험에 합격하였다.

12월 시선집 〈하늘로 오르면 별이 되고 어느 땅에 떨어져도 꽃이 될 이야기〉가 《보성출판사》에서, 수필선집 〈우리가 손을 잡는다는 것은〉이 《해문출판사》에서 각각 출간되었다.

1월 하린, 김영호(서울대학교 치과대학졸업 군의관으로 복무 중)와 결혼하였다.

2월 남편, 동국대학교 대학원에서 문학박사 학위를 받았다.

3월 환이 KAIST 학부를 졸업하고 KAIST 석사과정에 입학하였다.

3월 사위, 김영호가 가톨릭의과대학 부속 강남성모병원 의사로 취임하였다.

1992년 4월 시 이론서 〈현대시와 삶의 인식〉이 《시문학사》에서, 제8 수필집 〈표현은 침묵보다 아름답다〉가 《청아 출판사》에서 출간되었다.

1993년 2월 시 이론서 〈시의 이론과 실제〉가 《청아 출판사》에서 출간되었다.

8월 제8시집 〈어디서 누가 실로폰을 두드리는가〉가 《오상출판사》에서 출간되었다.

3월 준, 러시아어과 전교 수석 장학생이 되었다.

7월. 하린, 아들 휘영을, 97년에는 딸 채련을 분만하였다.

1994년 3월 제9 수필집 〈그리운 날엔 창가에 선다〉가 《청아출판사》에서, 제9 시집 〈환상일기〉가 《시문학사》에서 출간되었다.

11월 남편이 조선대학교 인문과학대학 학장에 취임하였다.

2월 환이 석사학위 받고 다시 KAIST 박사과정에 입학하였다.

1995년 4월 1982년 전임강사로 부임한 이래 조교수 부교수를 거친 후 교수로 승진하였다.

12월 전라남도에서 주관하는 제 39회 전라남도 문화상(문학부문)을 수상하였다.

1996년 2월 하린, 피부과 전문의 시험에 합격하고 동수원 병원 피부과 과장으로 취임하였다.

2월 준이, 한국외국어대학교 러시아어학과를 졸업하고 동 대학원 석사과정에 입학, 러시아 연구소 조교가 되었다.

1997년 3월 문학이론서 〈창작의 아름다움〉이 《학문사》에서 출간되었다.

5월 환이, KAIST 후배 주은정이와 결혼하였다.

6월 제10 시집 〈종이등 켜진 문간〉이 《문학세계사》에서 출간되었다.

12월 광주 문인협회가 주관하는 제 11회 광주문학상을 받았다.

2월 사위 김영호, 8월 딸 하린이 각각 의학박사학위를 받고 UCLA교환교수로 떠났다.

1998년 9월 제11 시집 〈살아 있는 날들의 이별〉을 《마을출판사》에서 간행하였으며, 이 시집으로 제 14회 윤동주문학상을 받았다.

11월 제10 수필집 〈하얀 장미의 아침〉이 《영학출판사》에서 출간되었다.

8월 준이, 한국외국어대학에서 문학석사학위를 받았다.

8월 은정, 손자 찬휘를, 2002년에는 건휘를 낳았다.

11월 하린, 대한 피부과학회로부터 학술상을 받았다.

1999년 5월 시선집 〈그대라는 이름의 꽃말〉이 《오상출판사》에서 출간되었다.

3월 사위 김영호, 경기도 평촌에 치과 병원 《미 · 서울치과》를 개원하였으며, 동시에 《시대문학》 시부문 신인상에 당선되어 시인으로 등단하였다.(현재 《삼성중앙의료원》치과의사(교정과과장)겸 부교수.)

3월 하린, 강남구 도곡동에 병원 《아름다운 피부과》를 개업, 이듬해 반포동으로 이전하였다.

2000년 12월 제12 시집 〈당신의 피리를 삼으소서〉가 《크리스찬서적》에서 출간되었다.

1월 준이, 장로회신학대학교 대학원에 입학하였다.

2001년 5월 제13 시집 〈오래된 슬픔 하나〉가 《시와 시학사》에서 출간되었다.

11월 남편이 조선대학교 부총장으로 임명되었다.
2월 은정, KAIST에서 화공학박사 학위를 받았으며, 3월 LG화학 연구소 연구원으로 취임하였다. 이후 은정은 좋은 논문을 쓴 공로를 인정받아 마르퀴즈 후즈 후에 2008년 현재까지 8차례나 등재되는 등, 탁월한 연구실적을 보여주고 있다.

2002년 5월 제11 수필집 〈쓸쓸함을 위하여〉가 《수필과 비평》 사에서, 제 12수필집 〈그대가 있어 아름다운 세상〉이 《정민출판사》에서 각각 출간되었다.
2월 환이, 공학부 진로에 회의를 느끼고 전향하여 한의과대학에 다시 입학하였다.(현재 대전시 전미동에 《평강한의원》원장으로 일하고 있다.)

2003년 6월 제 14시집 〈화려체로 우아하게〉가 《시와 사람》사에서 출간되었다.
7월 제 15시집 〈꽃들은 진저리를 친다〉가 《현대시》에서 출간되었으며, 이 시집으로 한국문인협회가 주관하는 제 40회 한국문학상을 받았다.
8월 호남대학교 교수로 정년퇴직하고 2005년 6월 학교법인 호남대학교 이사로 선임되었다..
8월 문학평론집 〈삶의 깊이와 표현의 깊이〉가 도서출판《새미》에서, 〈이향아의 작품연구〉-이향아의 작품과 삶에 대한 연구, 평론 모음집-가 《국학자료원》에서 각각 출간되었다.

2월 준이, 장로회신학대학원을 졸업하였다.(목사 안수를 받고 현재 모스크바온누리교회에서 선교활동 중이다.)

2004년 5월 第13 수필집 〈지금 출발하여도 늦지 않으리〉가 《정민출판사》에서 출간되었다.

2월 준이, 김승은(North-West 항공사에 근무하다가 온누리 교회에서 간사로 봉사하던)과 결혼하였다.

2월 남편, 조선대학교 부총장으로 정년퇴임하고,《수필과 비평》수필부문 신인상을 받아 문단에 올랐다.

2005년 7월 둘째며느리 승은이, 딸 '한나' 를 출산하였다.

2006년 3월 한국사이버대학교 겸임교수로 위촉받았다.

1월 사단법인 현대시인협회 부이사장에 선임 되었다.

2007년 5월 수필 전문지 《에세이스트》에서 시행한 〈2006년도 우수 작품상〉을 받았다.

11월 제16 시집 〈흐름〉이 《문학나무》에서 출간되었다.

현대수필가 100인선 · 17
이향아 수필선

영 산 홍

초판인쇄 | 2008년 5월 10일
초판발행 | 2008년 5월 15일

지 은 이 | 이 향 아
펴 낸 이 | 서 정 환
펴 낸 곳 | 좋은수필사

주　　소 | 110-340 서울시 종로구 익선동 30-6
운현신화타워 빌딩 3층 305호
전　　화 | (02)3675-5635, (063)275-4000
등　　록 | 1984년 8월 17일 제28호
홈페이지 | http://www.shin-a. co. kr
e-mail | essay321@hanmail.net

값 7,000원

ISBN 978-89-5925-286-2 04810
ISBN 978-89-5925-247-3 (전100권)